オードリー・タン

天才IT相 7つの顔

アイリス・チュウ
鄭仲嵐（共著）

文藝春秋

はじめに

２０２０年、新型コロナウイルスが各国を襲い、世界中がコロナ禍に巻き込まれた。パニックが広がる中、人々を守るための力強い対策を迅速に打ち出すことができる専門家に、国境を越えて注目が集まった。台湾のＩＴ大臣、唐鳳《タン・フオン》（オードリー・タン）も、陣頭指揮を執って完成させたマスクマップアプリの効果で話題の人となり、日本の人々に知られることとなった。

２０１６年、35歳にして台湾のＩＴ大臣となったタンは、逸話の多い人物だ。いわく、ＩＱ１８０だが学歴は中卒だ。いわく、ハッカーのＤＮＡを持ち、いつでもプログラムが書ける達人だ。いわく、シリコンバレーの創業者で、ビットコイン富豪でもある。いわく、Apple で顧問として Siri の開発に携わったことがあり、トランスジェンダーであることを率直に表明している。

２０１９年にはアメリカの有名な雑誌『フォーリンポリシー』で「世界の頭脳１００人」に選ばれた。才知に長け、中国語と英語を自由に操り、しばしば意外な角度から世界を眺めて人心を深く分析し解読してみせる。そうした特質も、世界中のメディアから愛されるようになった理由だ。

コロナ禍中、台湾の防疫戦略について尋ねようと訪れた多くの海外メディアに対し、タンはいつも数分でそのポイントを説明した。最近インタビューに訪れた『WIRED』誌は、彼女が質問に答える時「驚異的な聡明さを見せた」と評した。

人は、天才に対し好奇心を覚えるものだ。当初、IQについて聞かれるたびに、タンは辛抱強くこう答えた。「学校では3回測ったことがありますが、毎回最高レベルの160でした。少なくとも160なので、正確にはどのくらいか分かりません」。その後、「インターネット時代では、実は誰でもIQ180です」と付け加えるようになった。

小学校1年生のときに9元連立1次方程式を解いたタンは、早くから学校で天才児と目されていた。だが、その後の人生は順風満帆どころか、試練続きだった。最終的にこの世界と折り合う方法を家族と共に見つけ出していなければ、タンについてのストーリーは、おそらくまったく違うものになっていただろう。

本書を執筆する過程で、私たちはずっと考えていた。この世界に、ハッカーの技術を持った天才は少なくないはずだ。いったいどんな要因によって、彼女は他の人と異なる人生を歩むことになったのだろうか。

欧州のルネサンス期には、レオナルド・ダ・ヴィンチのような人物が現れた。職を探していたダ・ヴィンチは、雇い主となる可能性のある人物に向けて「私は橋を作ることもできますし、たまたま絵を描くこともできます」と手紙に書いたことがある。エンジニアであり、うまい具合に画家でもあるとアピールしたわけだ。人類の歴史上、華麗にきらめく文章の一節を書き残したのは、まさにこうした、複数の才能が融合した「ルネサンス的教養人」だった。

ダ・ヴィンチが川を越える橋を架けたように、タンもその人生において、現実にあるさまざまな境界を越え続けてきた。かつて男性だったが今では女性となり、台北に生まれたが台湾国内に限らず多くの都市に足跡を残す。また、プログラムを書くが、詩作にも情熱を注ぐ。

タンが詩を朗読するとき、聴く人は心を動かされる。テクノロジーやネットワークがどんなに好きでも、心にはいつも詩があるのだ。タンは小学生のころから詩を書くのが大好きだった。Episode 7で詳しく触れるが、ＩＴ大臣となった時、台湾内外のメディアから「勤務中は何をしているのか」と問われ、中国語と英語で作詩して答えたので、皆すぐに納得したのだった。

また、メディアの要望に応じて、カナダの詩人であり歌手でもあるレナード・コーエンの曲「Come Healing（カム・ヒーリング）」の歌詞を、完璧な英語で朗読したこともある。

「枝々は懸命に／若芽を支えようとする／動脈は懸命に／血を清めようとする」（O longing of the branches / To lift the little bud / O longing of the arteries / To purify the blood）

詩を朗読する時は、目を細めて想像の詩の世界に浸り、表情は平穏そのもので、聴く者を身も心も共感の境地へといざなった。

彼女は、数年前にひまわり学生運動に参加した時、騒がしい現場でも、この詩を思い起こすとすぐに気持ちが静まり、周りにつられて動揺することがなくなった、と語ったことがある。ハッカーだが詩人でもあるからこそ、これほど異色の唐鳳という人物が形作られたのかもしれない。

ＩＴ大臣という職位は、台湾ではデジタル担当政務委員（デジタル政委）と呼ばれ、部長（日本の大臣に相当）と同クラスの上級公務員だ。就任後間もなく受けたテレビ局からのインタビューで、タンは司会者から「史上初めて」という言葉を使って文章を作るよう請われた。タンは少し考え、こう答えた。

「史上初めて、どんな人でも来て時間を予約できるよう、自分のオフィスを開放した政委」

「史上初めて、オープンガバメントを主な業務とした政委」

「史上初めて、ＶＲ（仮想現実）アバターとしてスピーチをした政委」

タンはデジタル政委として、いったい何をしているのだろうか。当時、彼女を内閣に招いた林全《リン・チュエン》行政院長（首相）は、タンが「オープンガバメント」、「ソーシャルエンタープライズ」「青年コミュニティ」の3業務を担ってくれることを期待した（まったく無関係に思えるこの3つの業務を1人に任せるとは、任せた方も天才ではないかと思ってしまう）。

とにかく、タンはその天才レベルの特異な理解力によって、この3分野の仕事に史上初の解釈を与えた。タンは自身の仕事を再発明したと言える。

「ソーシャルエンタープライズ」という業務は本来、社会問題を経済の手法により解決したいと考える起業家を、生存していけるよう支援する仕事だ。タンはそれを「ソーシャルイノベーション」へと強化した。つまり、こうした企業の商品やサービスに注力するだけでなく、多くのイノベーションが挫折することなく生まれるように、市場のルールを変える道を見つけたいと考えたのだ。

「青年コミュニティ」業務が、実は若者が未来を探すのを大人が手伝うことではなく、未来はどちらへ進むべきかを若者が大人に伝えるものだということを発見したのは彼女だった。

「オープンガバメント」はもともと、「データの透明性を確保し、一般の人々の参与を促し、政策をトレース可能とし、各人を対話に導く」ことを意味する。タンの理解を経て打ち出された方法の1つは、人々がオンラインプラットフォームで政府に請願できるようにし、政府部門の若い公務員にもボトムアップの革新的な提案をする機会を与えるというものだった。

性格は温和なタンだが、その存在は逆に、「過激な透明性（radical transparency）」をもってオープンガバメントの模範を示している。着任後、毎日の部門スケジュール、毎回の会議の書き起こし原稿、毎回のインタビューの内容、毎回の訪問者との会話は、中国語か英語かに関わらず、すべて業務記録のサイト上に公開し、誰でもパスワードなしで全文検索できるようにしている。

「唐鳳」を中国語と英語で検索すると、業務記録から彼女が着任以降、各種会議、インタビューで合計11万５４９３回（２０２０年7月31日現在）発言していることが、その内容と併せてはっきりと分かる。

彼女は毎朝7時から夜7時まで仕事をし、近頃は歩いて出勤し、夜もほぼ飲み会には出席しない。毎日必ずすべてのメールに返事をしてから就寝し、7時間半から8時間の睡眠時間を確保する。これほど仕事に打ち込んでいるタンだが、自身を「保守的な無政府主義者」だと公言してはばからない。政府が万能だとは考えず、逆に人々が適切な方法で政府の運営に参加して双方が協力できれば、よりよい統治が実現すると信じている。

そのため、こう語ったこともある。

「私は政府のためではなく、政府と共に働いているのです。人々のためではなく、人々と共に働いているのです。チャンネルの１つに過ぎない私が、政府のあり方に過激なまでの透明性を持たせることで、皆は政府がどのように運営されているのかを知り、参加したり意見を述べたりする方法を知って、政府への請願もできるようになるのです」

「Ａｕ」は、タンがネット上で使うハンドルネームであり、友達が彼女を呼ぶ時の愛称でもある。本書ではタンを巡る伝説を振り返りながら、日々積み重ねられていく彼女に関わるうわさを、探偵のように１つ１つ検証していきたい。読者のみなさんが読み進めるうちに、時空を超え、小学校１年生で9元連立１次方程式を解いた子どもが経験してきた悩みや戸惑い、驚きを、共に感じていただければ幸いである。

Ａｕ　オードリー・タン　天才ＩＴ相７つの顔　目次

特別付録　台湾　新型コロナウイルスとの戦い

大晦日に眠れなかった男

２００３年、悲惨なＳＡＲＳとの戦い

入国後「14日間」を管理せよ

徹底的に感染経路を追跡調査する

クルーズ船ダイヤモンド・プリンセス号

法律を作れ！　マスクの数量と価格を維持しよう

省庁間の協力で、人々の心を安定させよう

最も有効なワクチンは、透明性のあるコミュニケーション

カバー・扉写真　Jessie Ho / LEZS
装幀　大久保明子
本文レイアウト　オフィス安藤
ＤＴＰ　㈱ローヤル企画

Episode 1　35歳のIT大臣

――一番文句の多い人は、その問題については
政府よりもプロという場合もある。
そうした人たちの意見を取り入れられれば、
政府はより良いサービスを提供できる

by　唐鳳

風変わりなマスコット

台湾のIT大臣（デジタル担当政務委員（閣僚級）、略称「デジタル政委」）のオードリー・タン（唐鳳）は、あらゆる面で風変わりな公務員だ。

まず、「デジタル政委」というポストは過去になく、タンは台湾史上初めてこのポストについた。次に、仕事上の役割として、タンは「シビックハッカー（政府が公開したデータをもとに、市民が使いやすいようなアプリなどを開発するエンジニア）」、「政策協働者（多様な関係者と協力しながら政策を立案する人）」、「デジタル大使」、そして最も話題となった「マスコット」という4つの異なる顔を持つ。

もともとユーモアがあり、楽天的な性格だ。各種のオンラインコミュニティを行き来し、時に二言三言コメントを残すと、それが大きな話題となる。彼女は「出現するだけで、皆が喜ぶ」能力が自分にあることを発見すると、「マスコット」を自称するようになり、その役目を楽しんでいるようだ。そこには彼女のいたずらっ子のような一面がよく現れている。

IT大臣になる前から、タンは「台湾のパソコンの達人トップ10」に入ると言われ、本人は否定しても、依然として台湾最大の電子掲示板（BBS）「PTT（批踢踢、登録者150万人）」では、ほとんど神のような存在だった。誰かが「今日街でタンさんを見た」とPTTに投稿すると、その下に「お目見えか」「神様降臨」「宝くじを買うべき」などのコメントが続く。

このようにいつも崇拝され、人気の的だ。

もちろん、オンラインコミュニティでは良いことばかりが起こるわけではない。デジタル政委になってからも、彼女を批判する投稿は散見される。こうした難しい場面に遭遇すると、彼女はその投稿の下に、意見に対する謝意と共に穏やかに説明のコメントを残す。

例えば、最近インターネット上で彼女の長髪について、「100年前の時代遅れの髪型」で見苦しいと批判する投稿があった。それに対して怒るでもなく、「具体的なアドバイスありがとう。防疫期間中は確かに『好剪才（SuperbCut Hair Studio　行きつけのヘアサロン）』に行く時間がなかったので、来週行って髪型を変えますね」とコメントした。ちなみに、このヘアサロンは営利目的ではなく、社会投資を目的とするソーシャルエンタープライズで運営されている。

タンのコメントの下には予想通り、「タンさんのコメントの下にコメントしたよ！」「大切なのは頭の中身。委員の長髪に賛成」「本人だ！　新しい髪型に期待」といった、彼女を支持するコメントが次々に寄せられた。

また、「唐鳳召喚」という、ネットユーザーが大好きな儀式では、ユーザーが自身のFacebookやTwitterページで、真面目な政策提言から笑えるアイデアまで何でも、タンにタグ付けして投稿する。本人から返信が来る可能性があるからだ。

コロナ対策のために、政府が国民生活全般を厳しく統制していた防疫期間中、それまで不足がちだったマスクの数に余裕が生じるようになった。そんな2020年4月2日、あるネットユーザーがTwitterで、こういう内容のことをつぶやいた。

「政府から国民に割り当てられた購入可能なマスクのうち、購入されていないものがかなりあるので、外国の医療従事者のために寄付できればいいな」

別のユーザーがこのツイートをタンにタグ付けしたところ、タンがその下に、

「ご提案を受け取りました。貢献に感謝！」

とメッセージを残したのだ。

その後、彼女が政府の各部門と調整を進めたことで、4月27日、台湾から海外へのマスク寄贈政策が正式に導入された。健康保険カードを使い、オンラインでマスク予約システムに入ると、自分の未購入分のマスクを寄付することができ、記名か無記名かも選択できる。このネットユーザーは1カ月も経たないうちに、「心の中の願いが叶う」という不思議な体験をしたのだった。

もちろん、笑える逸話も数え切れないほどある。ある年、ネット上で「タン氏はIQが180もあり、人の脳波をコントロールできる」という噂が広まった。この「脳波説」がネットユーザーに大受けし、次々に引用されていった。

あるネットユーザーは自身のFacebookページに、

「アルミ箔の帽子をかぶったので、タン氏も探知できないはずだ」

と書き、頭にアルミ箔を巻いた自分の写真を投稿した。すると、タンは、「アルミ箔を

使うと脳波が影響を受けやすくなるよ！」と、科学関連記事を付けて投稿し、ネットユーザーの言動をジョークにして返した。

あるときはこうした自分の噂を冗談にし、あるときは間接的に否定するのが、彼女のやり方だ。

ある人がテレビのインタビューで古いNokiaの携帯電話を使っているタンを見て、

「タンさんはなぜこんな古い携帯を使っているのだろう」

とネットに投稿した。すると、「脳波で誰の脳ともリンクできるから、携帯は要らないんだ」と投稿するネットユーザーや、「LINEがうるさいのかな」と推察する人も現れ、ついにタン本人が来臨して「その通り」と返信したため、「唐鳳釣り出し」に成功したネットユーザーたちは大喜びだった。

「唐鳳召喚」に応えるのに、毎日どのくらいの時間を割くのか、と質問されたタンは、「1回5分、1日3回、つまり15分間」と正確に答えた。楽しいマスコットだが、時間管理についてはまったくおろそかにしないことがよく分かる。

彼女の時間管理の秘訣は「ポモドーロ・テクニック」にある。これは生産性や効率性を上げるために、25分間仕事に専念し5分間休憩することを繰り返す方法だ。彼女はこの5分間を、インターネットやネットユーザーからのさまざまな質問への回答に当てる。この仕事法を発明したイタリア人のフランチェスコ・シリロは、大学時代にトマト（イタリア語でポモドーロ）の形をしたタイマーで、25分間の仕事時間を設定した。それが徐々に知られるようになり、今ではこの優れた仕事のリズムが、インターネット上で神出鬼没なＩＴ大臣の生活を支えている。

もちろん、台湾のＩＴ大臣である以上、任務は単なるマスコットであるはずがなく、毎日山ほどの仕事が彼女を待ち受けている。

いつも多くのテクノロジー機器に囲まれているタンは、普段の仕事もテクノロジーを巧みに活用してこなす。場合によっては、テレビ会議の参加者にＶＲゴーグルを装着させたり、招待されたものの交通事情の関係で会場に出かけるのが困難なときに、録画メッセージをあいさつに代用したこともある。講演会場ではほとんどの場合、使いやすいＱ＆ＡプラットフォームSlidoを用いて会場から質問を受け付け、整理してから回答する。

煩雑な仕事をシンプルにこなすには、いくつかの秘訣が必要だ。今回台湾が防疫措置を行うにあたり、チームワークが得意なタンは、政府外の専門家と意見交換しながら、人々のニーズに素早く応えた。

台湾が打ち出した一連の新しい防疫対策は、世界中の注目を集めたが、中でも「マスクマップ」は、大きな話題となった。

マスクマップができるまで

始まりは35歳のエンジニア、呉展瑋《ウー・ジャンウェイ》だった。

台湾では１月21日に新型コロナウイルス感染症の第１例が発生し、台湾中でマスクの奪い合いが起きていた。当時台湾のマスク生産量は1日わずか188万枚で、政府が緊急時用の備蓄マスク4400万枚を放出し、毎日コンビニエンスストアに運んでも、入荷した途端に売り切れという事態になった。

政府はマスクの購入を1人2枚に制限していたが、実名制ではなかったため、コンビニを回って10枚買える人もいれば、数軒回っても買えない人がいた。買えない人がパニックになり、政策がひどいからだとネットで批判を始めたため、2月1日、呉が、この状況はマスクの供給が需要に応じきれていないからだ、と論理的に説明する書き込みをしたが、やはり最後は言い争いになった。

丸顔で目元が温かい印象の呉は、Googleのテクノロジーに興味を持つデベロッパーの集まりである「GDG台南」のメンバーだった。大学で情報工学を学び、その後、米国フロリダ州のIT系大学院で修士課程を修了。数年前に故郷の台南に帰り、コワーキングスペース（協働オフィス）「好想工作室（Goodideas-Studio）」を立ち上げていた。妻は朝から夜までフルタイムの職があるが、呉は在宅で仕事ができる。そのため夫婦で話し合い、彼が家で育児をしていた。

エンジニアであり、プログラムを書いて問題を解決するのが常だった彼は、多くの人がマスク探しに時間を費やし、パニックを起こしている様子を見て考えた。マスクが買えるコンビニを皆で報告し合えるようなプログラムを作れば、無駄足を踏まずに済むようになるのではないか。情報が透明であればあるほど、パニックを起こす人は減るだろう。

新米パパの呉は、日中は仕事と育児で時間がなかった。そのためこの日の夜、生後6カ月になる乳児を寝かせた後、深夜0時から翌朝8時まで徹夜でプログラムを書いた。この「コンビニ版マスクマップ」の精度をさらに上げるため、有料のGoogleマップを使ったが、この時は、これは家族や友人のために作ったもので対象人数はさほど多くないから、Googleに使用料を支払うとしても数千台湾ドル程度（日本円で最大3万円前後）だと予測し、自費で負担できるだろうと考えていた。

2月2日午前10時、呉は正式に「コンビニ版マスクマップ」を自分のウェブサイトにアップロードし、よく利用するオンラインコミュニティサイトにも貼り付けた。すると思いがけず拡散して1秒間の訪問者数が800〜900人、6時間後には総クリック数が50万回以上に達した。Googleの支払いアカウントを確認すると2万米ドル（約200万円）と表示されており、金額の大きさに驚いた彼は、すぐにサイトを閉鎖した。

呉は悩んだ。多くの人がこの情報を必要としていて、だからこそ大量のアクセスがあるのだと分かっていたが、金額はすでに彼が負担できる範囲を超えていた。

考えた末、彼はなるべく使用料がかからないようにプログラムを修正し、2月3日に再びウェブサイトにアップロードしたが、それでもわずか2日間で、アカウントの総額は2万6000米ドルに膨れ上がった（その後Googleがマスクマップを「新型コロナウイルス感染症対策プロジェクト」の公益ソフトウェアと認めて請求を取り消したので、彼は胸をなでおろした）。

2月3日の夜、IT担当相のタンは、7000名を超える台湾のシビックハッカー（市民の政治参加に関心を持つプログラマー）が集まるコミュニティ「g0v（零時政府《ゼロガバメント》）」で、この「コンビニ版マスクマップ」の存在を知り、呉展瑋を探し出した。

コンビニは当時、マスク配布販売に対応しきれなくなっていたため、政府は業務を台湾全土に6280店舗ある健康保険特約薬局に委託することを検討していた。

台湾では、全民健康保険と呼ばれる健康保険制度に、ほぼすべての国民と在留外国人が加入しており、ICチップを内蔵した健康保険カードで、住所や氏名を管理している。読み取り機を持つ健康保険特約薬局にこのカードを提示すれば、ICチップによって氏名を確認することができる。

これを使って1週間に1人あたり2枚のマスクを購入できるようにする仕組みだ。マスクの実名制は2月6日にもスタートする予定だったが、これほど短期間でマスクマップを開発できる者がいるだろうか。そこでタンが思いついたのが、自身が良く知るg0vだったのだ。

キーボードでの救国

g0vは、台湾のプログラマーグループの高嘉良《ガオ・ジアリアン》、呉泰輝《ウー・タイフイ》、瞿筱葳《チュー・シアオウエイ》らによって2012年に設立され、タンもその一員として設立当初から活躍した。シビックハッカーを自負するこのグループは、設立以来「政府の役割をゼロから再思考する」を提唱し、政府に対しさらなる情報公開と政治の透明化を求めて、市民の社会参加を促すために、誰でも無料で使える情報プラットフォームとツールの開発に力を注いでいる。

　デジタル政委に就任する前、タンは前出のメンバーと共にこのコミュニティに参加し、多くのハッカソンを主催していた。ハッカソン（hackathon）とはハック（ＩＴ技術開発）とマラソンからなる造語で、「マラソン式のテクノロジー創作活動」を意味する。ｇ０ｖは、各人が協力しながらプロジェクトを進めるこうしたハッカソンを、２カ月に１度開催する結束力の強い専門家コミュニティだ。

　タンはこのｇ０ｖの公開フォーラムで、政府はすべての人がマスクを買えるようにするためマスクの実名制販売を行う意向であること、その時には彼女が政府の調整に参加し、健康保険特約薬局の住所データ、マスクの配布・在庫数を公開することを述べた上で、呉展瑋に対し、新しく薬局版マスクマップを作成してもらえないかと尋ねた。

　このニュースはｇ０ｖ内で爆発的に拡散した。呉展瑋がGoogleのコミュニティでこのニュースをシェアすると、そこでも同様に熱烈な反響を呼び、２つのコミュニティのエンジニアたちが闘志満々で腕前を発揮しようと待ち受けることになった。呉はたちまちＧＤＧから志願者を見つけ出し、総勢６名で開発チームを組んでこの任務を引き受けた。

　２月４日午後、タンは蘇貞昌《スー・ジェンチャン》行政院長（首相）にこの構想を提出し、院長の承認を得た。２月５日早朝、政府はデータのフォーマットを公開し、呉展瑋と他の参加エンジニアたちは、再び夜を徹して新「薬局版マスクマップ」を完成させ、人々に無料で提供した。

2月6日午前10時、マスク実名制販売の施行に合わせて正式にリリースされた薬局版マスクマップは、台湾全土6000店舗の健康保険特約薬局のデータをカバーし、自宅付近の店舗とマスクの在庫量を調べることができるものだった。マスクの在庫データ更新は当初30分に1回だったが、その後改良され、30秒に1回となった。

実は政府がデータを公開したことで、誰もが無料でこのデータを用いてプログラムを作り、無料で公開できるようになった。多くのエンジニアが開発に参加したため、マスクマップの種類は140種以上に上り、視覚障害者も音声入力と出力で検索できるマップを入手するなど、好きなマップを選ぶことができるようになった。タンも自らプログラムを作成し、ポータルサイト「口罩供需資訊平台（マスク需給情報プラットフォーム）」でマスクマップ全種類を一覧にして、人々が選べるようにした。

チーム県の新「薬局版マスクマップ」は、2月6日から4月30日までに累計1600万人が利用した。4月30日以降はマスクの需給が均衡し、薬局に並ぶ人がいなくなったため、このアプリは成功裡にその役目を終えた。

県は、今回の忘れ難い経験についてこう語る。

「自分たちはプログラミングは得意だが、政府から参加する機会をもらえなければ、どうやって協力していいか分からなかった。今回は私たちの要求や言葉を熟知している上、政府内部ともコミュニケーションを取ることができるタン政委が間に入り、データを公開してくれた。少なくとも1週間はかかる見込みだったマップアプリが、皆が一晩徹夜しただけで完成したのはそのおかげだ」

プログラマーたちは、こうした自分たちの行動を仲間内でふざけて「キーボードでの救国」と呼んでいる。

マスク実名制４・０

タンは今回、民間の専門家との連携に成功し、人々が切望しているサービスをごく短期間で開発することに成功した。ＩＱ１８０の持ち主であると言われている彼女は、その実行力とさまざまな逸話に注目した日本のメディアに、台湾の天才ＩＴ大臣として取り上げられたため、突然日本で話題の人物となった。

しかし、スポットライトを浴びてもおごることなく、タンは「私の身長は１８０㎝あるので、皆さん身長とＩＱを混同しているのでしょう」とジョークを言い、一転して真面目になると、「マスクマップの開発はコミュニティの友人たちの協力のおかげです。これは一種のソーシャルイノベーションであり、私１人の功績ではありません」とはっきりと述べた。

台湾はマスクを重要な防疫物資と見なし、その後もマスク購入システムを改良し続けた。薬局に行って並べば多くの人がマスクを購入できたが、20～39歳の若い世代にしてみると仕事や学業で忙しく、日中は思うようにマスクを買えないことに不満を抱きがちだった。公共衛生の専門家の基準によると、マスクの普及率が人口の7割以上になると予防効果が現れ、9割に達すると大規模な感染はおそらく起きない。

どうすれば若い世代がマスクを入手できるようになるか。

これが、次に解決すべき課題だった。政府はこれに対し、薬局に24時間営業のコンビニを加えた販売ルートの構築を図った。まず衛生福利部（厚生労働省）中央健康保険署の公式サイトでマスクを予約して料金を支払った後、コンビニで受け取ることができる仕組みだ。

今回は個人情報が絡むため、政府のITチームが任命されて、このプログラムの開発に当たった。数日が過ぎ、リリースが間近に迫った最後の段階で、突如解決できない問題が起き、リリース延期の懸念が生じた。タンはこれを受けて夜中、同チーム技術責任者に「私も手伝う」と連絡し、大臣の身分をかえりみず自らプログラミングメンバーに加わると、以降2日間、ヘルプの1エンジニアとして共に任務を完成させた。

3月12日、「マスク実名制2・0」がリリースされた。前述したように、あるネットユーザーが未購入のマスクを各国の医療従事者に寄贈することを提案したのは、それからしばらく経った頃だ。

その次のバージョンからは、コンビニでの予約と支払いが可能となった。4月22日には「マスク実名制3・0」がスタートし、台湾全土の1万店超のコンビニで、複合機に健康保険カードを差し込むだけでマスクの予約・購入ができるようになったのだ。そして、4月27日、中央健康保険署のソフトに「マスクを寄贈」という選択肢が加わると、わずか1

週間で48万人を超える人々から計393万枚のマスクが寄付され、外交部（外務省）を通じて台湾の友好国に寄贈されることになった。これはネットユーザーから「マスク実名制4・0」と呼ばれている。

台湾に住むある外国人はマスク購入システムの発展を目の当たりにし、「政策が常に進化している」と感慨を込めて語った。

感染状況が相対的に落ち着いていた台湾に、多くの国が興味を持った。都市封鎖（ロックダウン）も休校も行わず、いったいどのように防疫対策が奏功したのか、と。

英語が母語同様に流暢なタンは、マスクマップの成功体験を伝えようと、2月以降、欧米とアジア各国の20を超えるメディアから、次々とインタビューを受けた。直近の米国CNNのインタビューでは、台湾政府の防疫対策を3つの柱（3つのF）に分類してみせた。すなわち水際検疫の早期実施（Fast）、防疫物資の公平な分配（Fair）、防疫についての人々とのユーモア溢れるコミュニケーション（Fun）だ。

「Fun（ユーモアコミュニケーション）」には2つの方法がある。

1つはフェイク情報に対するものだ。フェイク情報が世にあふれている今、タンは、政府は事実を伝えるだけでなく、ムードを変える必要があると考えた。うわさを流す人は、多くの人の怒りをかき立てて情報を拡散しようとする。そうであれば、ユーモアをもって本当の情報を発信すれば、疑念からの不安を解消できるだけでなく、ネットユーザーも「怒り」の気持ちを「喜び」に変えることができる。

タンは「1時間以内にユーモアを交えて本当の情報を発信し、反撃する」ことができれば、人々は笑いながら進んで真実をシェアしてくれるため、インターネット上で本当の情報がフェイク情報よりも速く伝わると語った。

「こうすれば、単に事実を明らかにするよりもずっと効果的だ」

また、英国BBCのインタビューではもう1つの「ユーモアコミュニケーション」に触れ、それが政府の防疫政策の発信にも使われたことを話した。例えば今回、防疫宣伝の大役を担った衛生福利部インターネット編集担当者が、愛犬の写真を同部公式Facebookページにミーム（吹き出し文字を組み合わせた画像）として載せたところ、意外にも熱烈な反響を呼んだのだ。

「その後、衛生福利部にはスポークスパーソンだけでなく、スポークスドッグもいることになりました」

タンは笑いながら海外メディアに英語で答えた。この愛らしい柴犬は、Facebook上でマスクの正確な着け方を伝えたり、感染状況が緊迫したときには、家の中でテレビや映画をみることを勧め、状況が落ち着いたときには「防疫新生活（感染症対策のための新しい生活様式）」で郊外に遊びに行こうと力づけたりした。

さまざまな海外メディアからのインタビューでは、どれだけ長い質問に対しても、タンはどう反応すべきかを瞬時に判断し、正確な英語でよどみなく答えた。中学校を離れて以降、進学していない彼女が、なぜこれほど英語を話せるのだろうか。

タンは独学で勉強し、適切な時期にさまざまな事物をうまく教材にして、自身の実力を高めてきた。20歳を過ぎてからはオープンソースソフトウェア（ＯＳＳ）の国際フォーラムに積極的に参加して英語で発言や回答を行い、２００５年からは英語でブログを書き始めた。２０１５年からは英語のラップミュージックにはまっている。

タンは英語学習の秘訣について、「英語のラップを聴いて勉強しています」と、気前よく教えてくれた。教材で一番のお気に入りは、米国ブロードウェイの有名なミュージカル『ハミルトン』だ。これは米国建国の父アレクサンダー・ハミルトンの生涯を描いた作品で、劇中独特の曲風でラップミュージックが多く挿入されている。

中でも彼女のお気に入りで一押しの数曲、「Wait for It」「Satisfied」などは、「考えずに歌える」くらいにまで覚え込んだと語った。メディア記者とのお茶会では、その場でリクエストに応えて披露したこともあった。

天才ハッカーが政府に参入

なぜ、タンのような政治経験ゼロの素人が台湾の内閣で大臣になれたのか、多くの人が興味を持つだろう。

台湾政府は政治家のキャリアとして3種類のパスを用意している。１つ目は選挙だ。例えば、国会議員、県知事・市長、県・市議会議員は、必ず選挙で民意を得てその地位に就く。２つ目は国家の官吏となる道で、必ず国家公務員試験に合格し、下級公務員から始めなければならない。勤務成績が優れていれば通常は部会（省庁）の次長（副大臣）にまで昇進でき、少数だが部長（大臣）になる者もいる。国家試験で採用されると、政権が交代しても、仕事で失敗しなければ定年まで働くことができる。

３つ目は推薦だ。政権が成功する上で鍵となる職位、例えば行政院（内閣）の各部会の部長や次長には、総統や行政院長が各界のリーダーに意見を求めた上で、政策の推進に最適なキーパーソンを据える。そのため、学者から民間企業のトップ、さらには有名な社会運動家まで、部長または次長となる可能性がある。だが総統選挙によって政権が交代すると、閣僚名簿は通常すべて書き換えられる。

２０１６年、35歳のタンは推薦されて台湾の林全《リン・チユエン》内閣のＩＴ大臣となった。推薦者の１人は馬英九《マー・インジウ》前総統時代に法政政委を担当した蔡玉玲《ツアイ・ユーリン》だ。就任するタンに向かい、蔡は「政府運営のバージョンアップは任せましたよ！」と言った。

政委は部長に相当する職位だが、担当するのは通常、部会をまたぐ特別プロジェクトであり、ある部会特定の業務ではない。タンが就任する前は、内閣にはテクノロジー産業のハード面に関わる業務担当のテクノロジー政委がいるのみで、デジタルガバナンスを担当する政委はいなかった。

蔡が過去数年間政府で仕事をして気付いたのは、台湾中でスマートフォンが使われる時代に、政府の運営はまるで最も古いタイプの携帯電話のようだということだった。民意の収集から政策の研究・実行まで、どの過程においても、政府の対応はインターネットやテクノロジーを活用した臨機応変さを欠いていた。その結果、たとえ良い政策を決定しても、結局は人々の不満を招くことになっていたのだ。

「政府という機械は非常に複雑で、その中にいる各人がそれぞれ1つのボタンを管理している。1人がボタンを押しても動かず、全員が一斉にボタンを押さなければ前に進まない、そんな我々の機械は、切にバージョンアップが必要だ。特に部会をまたぐ新しい業務は、責任者となる人物を探すだけでもかなりの時間がかかる。なぜならどの部会も自分たちが主導すべきとは思っていないからだ」

蔡はこのように考えていた。

だが、マスクマップアプリのように、人々が今、最も必要としているサービスこそ、その「部会をまたぐ新しい業務」なのではないだろうか。

短髪で黒いメガネをかけ、洗練された印象の蔡は、台湾では少数の、産業界とデジタル法令の両方に通じた専門家だ。法学部卒業後に弁護士資格を取り、司法官を9年間務めた後、台湾IBMに転身して7年のうちに大中華区法務長となった。その後独立して法律事務所を開いたが、2013年、招かれて政務委員に就任した。任期の大半をかけて電子商取引（EC）のデジタル経済法整備に努めたほか、政府が市民と法令について討論するオンラインプラットフォーム「vTaiwan」も立ち上げた。

彼女は、民間のコミュニティの力を結集し、政策を推進することに長けていた。vTaiwanを設立する過程でシビックハッカー団体のg0vと接触し、そこでタンや中心メンバーと知り合っており、社会問題に対する彼らの熱意溢れる姿勢に深く共感していた。後に、g0vの友人に対し、「私も法律のハッカーになりたい」とさえ話し、その一部を実現している。

２０１６年、タンは蔡らの推薦により、シビックハッカーのＤＮＡを携えて政府に参入し、大臣に就任した。

タンは行政院の政委事務室、つまりかつての蔡の事務室に入った。こうした「身分の交換」のような偶然について、蔡は冗談交じりに、

「大臣がハッカーになり、ハッカーが大臣になるというのは、たぶん史上初でしょうね」

と言った。

ホワイトハッカーに共鳴する

タンは８歳からプログラミングを学び、小さい頃からハッカー文化にあこがれていた。普通の人は、ハッカーとはパソコンのセキュリティを破る犯罪者だと考える。しかしハッカー（hacker）にはホワイトハッカーとブラックハッカーがいて、ブラックハッカーが「クラッカー（cracker）」とも呼ばれる無法な犯罪者であるのに対し、ホワイトハッカーには別にもっと深い意味がある。

「ハッカー」という言葉が出現したばかりの１９６０年代、台湾では英語の「hacker」がそのまま使われていた。すでにテクノロジー研究の要衝だったマサチューセッツ工科大学

（ＭＩＴ）では、最先端の技術で人類の解き難い謎に立ち向かい、木こりが斧を一振り一振り大木に切り込む（「hack」）ようにイノベーションを遂げる行為をhackingと呼び、それを行う人をhackerと呼んでいたのだ。

１９８０年代に入り、フリーソフトウェア運動を起こしたリチャード・ストールマンはさらに明確に「ハッキングの３つの特徴は、遊び心（playfulness）、知性（cleverness）、探求精神（exploration）だ。探求心から難題を解決しようとする人がハッカーだ」と説明した。

その後、ハッカーに関する議論が増え、次第にハッカーが追求する世界観について、共通の認識が形成されていった。すなわち、

「権威やビジネスの枠組みを放棄し、誰もがパソコンやネットワークに無料で自由にアクセスできる〝人権〟を持つことで、リアル世界のあり方を改善し、進歩を促す」

というものだ。

この崇高な理想は、現実世界では試練に直面した。特にハッカーを自称する人が私利のために悪意でコンピュータシステムに侵入して破壊活動を行い、それがメディアで報道されると、ハッカーのイメージは本来の意味を離れ、「パソコンに関して高い能力を持つ犯罪者」に変わっていった。

しかし、ハッカーの世界には、自身の倫理がある。コンピュータやネットワークに侵入してクレジットカード情報を悪用したり、他人の銀行口座に侵入したりする人は犯罪者であって、ハッカーではない。

子どもの頃からホワイトハッカーの理念に共鳴していたタンは、ハッカーは社会の進歩の原動力であるべきだと考えていた。それこそが、市民の政治参加に関心を持つプログラマー、シビックハッカーの原点だ。長い間市民社会の問題に関心を持ち、問題解決を志すハッカーのＤＮＡを携えて政府の仕事に「入り込んだ」タンは、事業で成功し、34歳で引退を宣言しながら公僕になろうとした。

しかし、それは使命感からではなく「興味から」だと、何度か述べている。好奇心から問題解決に当たることこそ、ハッカー精神の核心だ。

政府の仕事に入り込んだタンによる最初のイノベーションは、「人々の望みが叶う場所を作り出す」ことだった。

台湾のグレタ・トゥーンベリ

新竹市居住、16歳の眉目秀麗な少女王宣茹《ワン・シュエンルー》はその日、高校1年の公民の授業で、政府の公共政策ネット参加プラットフォーム（略称ＪＯＩＮ）を通じて誰もがインターネットで政策を提案できると教わり、実際に提案することを宿題として課された。

国連ピース・メッセンジャーであり、国際的な映画俳優であるレオナルド・ディカプリオが以前制作したドキュメンタリー映画『地球が壊れる前に（原題：Before The Flood）』を見て、王は気候変動と環境問題に関心を持つようになった。そのため「我愛大象大象愛我（私は象が好き、象も私が好き）」というハンドルネームを使い、インターネット上で「台湾全土で使い捨て食器を禁止していくべきだ」という趣旨の署名活動を提案した。

理由は、「毎年800万トンを超すゴミが海に流れ込んでいて、そのほとんどはプラスチック製の使い捨て食器だ。これほど多くのゴミが世界中にあるとすると、海洋生物はどのくらいの量を呑み込んでいるのだろう」と考えたからだった。結果、大きな反響を呼び、5253筆もの署名が集まった。

「提案すればそれで終わりだと思っていたので、あのような展開があったことに非常に驚いた」

王は、行政院環境保護署（環境省）から電話があり、台北市での会議に招待された経緯を振り返って語った。

台湾政府の規定では、そのプラットフォームで5000人を超す署名があった提案に対して、必ず提案者を会議に招き、関連部会が一堂に会して対策を話し合うことになっていた。当日は環境問題での衝突を何度も処理してきた環境保護署員たちが揃い、「5000筆以上の署名を集める招集力があるのは環境保護団体の大物に違いない。席上ではいつものように衝突や口論が起き、殺伐とした雰囲気になるだろう」と予想して待機していた。

だが、会議室のドアが開かれ入ってきた提案者は、礼儀正しい16歳の少女だった。王は兄に付き添われ、会議に参加するため新竹から台北にやって来たのだった。

これが2017年7月のことだった。この部会をまたいだ公式の協働会議に、環境保護署は署員5名を派遣していた。利害関係者は、使い捨て食器製造業者、環境保護団体、提案に賛同する市民（軽食店のオーナー、家庭の主婦など）、衛生福利部の代表、財政部（財務省）オープンガバメント担当者の計20名で、タンも関連業務の責任者の立場で出席していた。

王がまず席上、自分が提案しようと思った理由を述べると、使い捨て食器工場の社長が、王に向かってやや怒気を含んだ口調で言った。

「当初はB型肝炎の台湾での流行を受けて、政府が使い捨て食器の使用を推進したんだ。そういったニーズがなければ、私だって使い捨て食器を作らなかった！」

大人が16歳の少女に対して、こうも挑戦的な態度を取ったので、王は驚き、言葉も出なかった。

しかし、参加者による多面的な議論によって、徐々に共通認識が出来上がっていった。会議は5時間にわたり、ようやく終了すると、この提案に対する新たな政策が次々に生まれた。２０１９年7月以降、プラスチック製ストローの使用を段階的に禁止するという政策もその１つだ。

台湾はタピオカミルクティ王国であり、毎年消費されるストローは数億本という驚くべき数だった。環境保護署はまず、飲食店内で消費するドリンクにプラスチック製ストローを付けることを禁止した。この新たな政策で、毎年１億本のストローの消費を削減できる見通しだ。

王は後に、台湾の中原大学インテリア・デザイン学科に入学した。あの会議に参加したことで視野が大きく広がり、共感力が養われ、1つの出来事にはさまざまな見方があることを知ったと言い、「もしまた同じチャンスを与えられたら、思考をより広げて、使い捨て食器業者と討論をしてみたい」と語った。タンの印象を尋ねられると、少し考えて答えた。「思考力と反応力がとても優れていて、ユーモラスな一面もありました」。

今回の思いがけないメディアへの登場により、王は「台湾のグレタ・トゥーンベリ」と呼ばれた。

民意はどれか：ゼロサムから共和へ

16歳の高校生の提案が、なぜ5000人分もの署名を集めることができたのか。

タンは以下のように分析する。

「15歳から17歳という年齢では、自分の利益のために提案することがないから一番いい。最初から私心なく、自分ではなく次世代のため、少数ではなくすべての人のために提案するので、さまざまなグループが参加してくれる。そうなれば、ブレインストーミングにより、さらに多くの人を引きつけることができるようになる」

投票権を持たない高校生にとって、こうしたプラットフォームに提案することは、民主社会において市民がどのように力を発揮するかを、身をもって学ぶ第一歩になる。

16歳の女子高生が、なぜ政府の政策に関与できたのか、さらに進んで考えてみると、その秘密は「インターネット」と「協働」にある。これはタンが入閣してから展開したガバナンステクニックの実例だった。

タンは自ら社会運動に参加した経験から、２０１６年にデジタル政委に就任すると、官と民との素早いコミュニケーションがどれほど重要であるかを即座に理解した。そのため、このＪＯＩＮというプラットフォームをより積極的に運用し、この署名サイトを「受動的な提案受け付けサイト」から「積極的な問題解決サイト」へと変えていった。

タンはＩＴ業界ですでに共通の認識である「協働」の概念を導入し、さらに自身が協働会議設立の促進をうながすファシリテーターとなって、官民間の意思疎通を可能にしていった。

協働会議の参加者は通常、会場とオンライン画面からそれぞれ参加する数十名で、立場の違いから真っ向から対立するのが常だった。以前は論争になると、民間のメンバーが机を叩いて政府のメンバーと対峙する場面がよく見られた。この種の会議の運営は難度が高いため、経験とテクニックをともに備えた進行役のファシリテーターが、成功の鍵を握っていた。

タンにとって、こうした協働会議に参加することは慣れた道を進むようなものだった。彼女はかつてプログラマーチームの一員であり、データを公開して改善を重ね、成果を共に味わう協働の世界に親しんでいたからだ。

協働は形式も大切だが、さまざまな人の異なる意見を進んで理解する者がいることの方が、もしかするとより大切かもしれない。そのことをほぼ直感で理解していたタンは、異なる考えの相手に対してすべきことは、説得ではなく、相手の立場をより深く知り、その立場から別の人と口論ができるくらいまで全面的にその考えを理解することだ、と考えていた。

徹底的に理解し、攻防を放棄して「ゼロサム（一方が勝ち、一方が負ける）」を「共和（両者が共に勝つ）」にしなければ、互いに納得できる共通認識に達することは難しい。「ゼロからの再思考」を掲げるg0vと共に歩んできたタンは、こうした覚悟でこれまで50席以上の協働会議に臨んできたのだった。

この種の提案プラットフォームから、実際に政策が生まれるのはなぜだろうか。

タンは「私が会議で担う役割は『転訳者』だ。市民から1000の提案があれば、そのうち本当に役に立つのは1、2件で残りは価値がない。だが中央の公務員は忙しく、それを選り分けている時間がない」と説明する。

彼女はさらにこう付け加えた。

「私の仕事は、市民が協働会議という場で議論し、自分独自の考えを共通の価値に収斂する手助けをすることだ。そこまですれば、中央の公務員もあと4、5時間もかければ、自分の仕事に何を生かすことができるか分かり、ぜひ協力したいと思うようになる。私はこ数年、台湾の公務員はイノベーションに非常に積極的だと考えるようになった」

オープンガバメント：オンライン申告の改革

２０２０年５月の確定申告の時期になり、多くの申告者が、オンライン申告が簡単でやりやすくなったことに気付いた。スマートフォンでも５～10分で終わる。改善のきっかけは、３年前のＪＯＩＮでの提言だった。

２０１７年５月１日、38歳になる卓 致遠《ジュオ・ジーユエン》は、昼食のために会社から出た。ちょうど確定申告の時期で、食事をしながらスマホを見ていると、友人たちがネット上で「オンラインでは確定申告がとてもしにくい」と嘆いていた。

センスの良いメガネをかけた卓は工業デザイナーで、ユーザーインターフェース（ＵＩ）の専門家だったので、プロセスの一部に問題があるに違いないと思った。以前、台北市のバス停にある待ち時間表示システム（ＬＥＤディスプレーにバス到着までの時間を表示する）の設計に参加したこともある。少し前にタンが講演で、政府のサービスをより良くするために、ぜひＪＯＩＮに提案してほしい、と話しているのを聴いたばかりだった。

そこで、食事の空き時間に、ＪＯＩＮに提案してみようと考えた。そのプランを思い付きで「確定申告ソフトは死ぬほど使いづらい」と名付けると、「こんなに重要なソフトなのに、毎年使いにくく過ぎる」「Macで申告できたことがない」「毎年この時期、国に税金を脅し取られるのに、どうしてもっといいソフトが作れないんだ」と、次々に恨み言が投稿された。

苦情があふれ、テレビでも報道され始めた。タンはこの時のことを、「２日後、一番強烈に批判していた人たちを財政部に招き、ソフトにどんな問題があるかを一緒に洗い出した」と振り返る。それは、財政部と苦情を訴える市民との「雨降って地固まる」の奇縁となった。

こうした複雑な問題は、当然一度の会議では解決しない。タンが参加したその後の協働会議に、問題を提起した卓も解決のための専門家として参加した。卓は当時を振り返り、「それは、苦情を訴えるだけの市民であることから卒業した、新しい道だった」と述べた。

この提案は5000人の署名こそ集めなかったが、重要で緊急な課題として協働会議の議題となったのだった。

官民の参加するこの協働会議は、なぜ効果を上げることができたのか。

「一番文句の多い人は、その問題については政府よりもプロという場合もある。そうした人たちの意見を取り入れられれば、政府はより良いサービスを提供できる」

すなわち「達人は民間にいる」という事実を、タンはよく心得ていた。

協働会議の議長はしばしば「デザイン思考」の手法で多くの知恵を集め、さまざまな利害関係者の見た事実や感じ方を集結させ、これをベースに議論を進める。

「私たちが他人を信じないのは、他人のものの見方が分からないからだ。かつてのこうした会議では、来るべき人が来ず、一方的な意見しか出ない、あるいは来るべき人が来ても互いに感じていることを言い合うだけで、事実を確認しようとしなかった」

とタンは言う。

「協働会議の長所は、異なる立場の人が集まって議論し、たいていの場合、誰もが受け入れられる価値、そして最終的には皆に利益のある多元的な解決法を探し出すことができる、という点だ」

そう語るタンは、毎回の協働会議をすべて実況中継し、会議後に完全な書き起こし原稿をオンラインで公開するというオープンな方法を取ることで、官民間だけでなく異なるグループ間でも信頼を強化できていると考えている。それこそが「オープンガバメント」なのだ。

協働会議の議長を務めたことのある張《ジャン・》芳睿《ファンルイ》は、かつて英国内閣府のポリシーラボ（政策研究所）でサービスデザイナーを担当していた。モノではなくサービスをデザインするサービスデザイナーとして、多くの協働会議に参加した経験を持つ。普段は親切そのものでも、ひとたび議論に入れば一変して真剣な顔になる張は、積極的なやり方で議論をリードした。

会議中、参加者にマインドマップ（頭の中の考えを整理して表現する方法）で自分の意見を整理してもらう。たとえば、付箋紙を配って自分の意見を書いてもらい、それを分類整理して会場のホワイトボードに貼っていくのだ。

会議場ではQ＆Aプラットフォーム（例えばSlido）を使って人々の質問を統合し、さらに投票ソフト（例えばPolis）を使って参加者の意見を取りまとめた。

「議論で生まれた会議記録、概念マップ、会議の記録映像と書き起こし原稿は、すべて政策履歴の一部になる」と張は語る。

YouTubeの公開チャンネルには、確定申告ソフトについての4時間51分に及ぶ協働会議の全記録映像が残されている。あるネットユーザーはそれを見て、「参加したかった。見ていて本当におもしろかった」とうらやましがった。

数回の協働会議（問題の確認）とワークショップ（問題の解決）を経て、税務担当者、UI専門家、一般市民の意見がまとめられ、財政部がその後、1年目のMac版、2年目のウェブ版（Mac+Windows）に続き、3年目の2020年に携帯電話認証を開発した。

3年をかけて、現在の新しい確定申告ソフトが完成したのだ。UIはすっきりとシンプルで、スマホやパソコン、各種オペレーティングシステム（OS）でもスムーズに作動した。

独自の読書法

タンは自分のスケジュール、インタビュー記録、会議記録もすべてオンラインで公開し、「完全な透明性」を実現した。どんなメディアの取材にもカメラマンの撮影にも一切制限を設けないが、内容を公開することが条件だ。肖像権も著作権も放棄し、すべてのインタビュー内容と写真を無料の公共資産としている。

それゆえ、彼女の写真と声は、各方面で二次創作の題材となった。日本の3人組ヒップホップユニットのDos Monosは、タンのインタビュー音声を使って「Civil Rap Song ft. Audrey Tang 唐鳳」という曲を作り、YouTubeで配信した。

台湾のイラストレーター黄立佩《ホアン・リーペイ》も、長髪のタンがパソコンで仕事をしている様子をアザラシに見立ててデザインした。このキャラクターを使ってピンバッジを作り、売り上げの一部を台湾の防疫対策に寄付したいと考えた黄が、タンにメールで使用許可を求めたところ、

「それはアザラシですから、私の同意は要りません」

との回答を受け取った。気前よく自身を「素材ライブラリー」とし、「世界をよりよくしたい」という人々の願いを後押しする。これこそがタンのスタイルだ。

だが、タンが参加する会議はすべて複雑な公共の問題を議題とし、さらに毎回政府の複数部門が関与する。彼女は短時間で、どのようにすべての情報を理解しているのだろうか。

資料であれ書物であれ、タンには独自の読書法がある。

本であれば95％をiPad Proで読む。「iPad Proの利点はペン（デジタルペン）を使えることだ。ペンがないときは、電子機器で読書はしない」とタンは語る。

なぜペンが重要なのか。タンは、文書を読むときはメモを取りつつ、絵を落書きするのが習慣だと話す。

「そうやって内容のポイントをメモしていると、それがたとえ雑すぎて、自分自身何を書いているのか分からなくても、その過程で本のメッセージを素早く吸収できたことが分かるのです」

仕事では、さまざまな人の話を聞きながら取ったメモを、そのままスクリーンに映し出

すことがある。それは「その場にさまざまな立場の人がいるとき、こうしたメモによって、異なる立場も1つのスクリーンに収めることができるなら、共通の価値もあるかもしれないと気付ける」からだと話す。

時間があるとき、彼女は英語の本を読みながら翻訳する。翻訳するには内容を細かく読む必要があるからだ。時間があまりないときは、要約しながら翻訳する。

「だから読書の際には必ずペンが必要なのです。これは私の日頃の思考とその表し方にも影響します。睡眠中に夢を見たときも、目が覚めたらすぐに夢の中に出てきた2、3の言葉や場面を書き留めます」

近くにペンがないときは、もう1つの読書パターンを起動させる。本やPDFファイルを受け取ると、スキャナーのように内容を視覚信号にして1ページ0・2秒の速さで脳内にためていくが、それを脳内で読み上げるわけではない。

「そうやって読んだ後、少し休憩します。お茶を入れ、目を閉じると、それらの画像が脳に浮かんでくるので、何かを掴んだら、ペンを取って書き留めます」

「自炊」も大の得意で、紙の書籍を解体して全ページをスキャンし、光学文字認識と検索ソフトを組み合わせて、自分のデジタル図書館を作ったこともある。

一般の人にとって、これらの方法だけでも十分に真似するのが難しいかもしれないが、次の資料の読み方は、まさに天才だからこそ可能な方法だろう。

もし明日の会議のために400ページの資料を読む必要があるとすると、就寝前に40

0ページすべてをめくってから眠る。すると朝起きた時には読み終わっているのだ。睡眠時間を利用して大量の資料を理解できるのだから、非常に省エネだ。

「400ページ以上であれば残業が必要です。9時間、10時間眠ってからでなければ起床しません」

これが長年の読書習慣だとタンは話す。

タンが参加する会議の生中継を見ると、ここぞという時にここぞという質問をする。それは確かに彼女の強みで、予習をしていなければできないことだ。眠ることを残業にする、それこそ独特なタン方式と言えるだろう。

睡眠の重要性について、彼女は再三述べている。毎日必ず8時間睡眠を取るが、そうしないと短期の記憶が長期の記憶にならないそうだ。天才の脳はなるほどこのように機能しているのかと驚くばかりだが、ひょっとすると試してみる価値があるかもしれない。

タンが扱う仕事には、新設のソーシャルエンタープライズ（社会的企業）が活路を見いだすためのサポートもある。利益ではなく社会貢献を目的とするソーシャルエンタープライズは、志は素晴らしいものであっても成功することが難しい場合が多い。

彼女は毎週水曜日、仁愛路にある社会創新実験中心（ソーシャルイノベーションラボ）で終日勤務する。午前中はどんな人でも予約をせずに訪れ、タンと意見を交換することができる。午後は予約者との面談に使う。

食べ物の意外な効用

夜は、ラボのキッチンに集まったスタートアップ（新しい分野で急成長する起業家）や海外のパートナーらと共に食事をしながらおしゃべりをすることがある。このようなおしゃべりから多くの知恵が生まれると、彼女は考えているのだ。

「私たちのイベントでは、経費の大部分を食べ物に費やします。例えば1、2カ月に1回開催するマッチングイベント（多種多様な関係者が集まる場）などでは、その場で聴いたコンセプトなどはその後1、2カ月もすると大方忘れてしまいますが、食べ物が美味しければ、次のイベントにも来てくれますから」

とタンは話す。

食べ物はイノベーションの触媒だ。これはGoogleやFacebookなどの大企業でも検証済みで、それをソーシャルイノベーションラボに導入し、現在実践しているというわけだ。

ラボのキッチンには、食材コンサルタントの史達魯（スタル）がいた。タンと同年代のスタルは、かつて有名なプライベートキッチンのシェフだった。タンに誘われ、農産品を扱うスタートアップの経営をサポートし、昔からの食材を利用して新しい商品を生み出す手伝いをしたのだ。

タンは毎月、台湾各地で新設のソーシャルエンタープライズを訪ねて回る。先方からその地方の特色ある食材をもらったときは、ラボのキッチンのスタルに郵送し、その食材の価値を広げるための研究を依頼した。

食材の話になると目がキラキラする天然パーマのスタルは、オーソドックスな料理人ではない。台湾大学の旧・農業推進学部で学び、大学院ではeラーニングのテクノロジーを学んだ典型的な優等生だ。シェフに転じた原点は、彼がスターバックスのコーヒーの全フレーバーを識別できる特異な舌を持ち、しかも極めて明確にその違いを説明できる能力があることを、大学の友人が発見したことだった。友人たちは資金を集めて彼を5つ星レストランに派遣し、帰って来ると食事会を開いて、再現した料理を振る舞ってもらった。彼はその後、一途に腕を磨き、数年後には料理を仕事にした。

スタルは、日本の料理マンガからインスピレーションを得ることもあれば、食材関連のお堅い論文からも知識を得ている。そのため食材選びに長け、いつでも食材の新たな利用方法を編み出しながら、ラボのキッチンで、季節感あふれる仕事をしていた。

3月から4月にかけては、食卓一杯に旬の梅を並べ、梅酒を研究する。夏はそれがマンゴー料理に変わる。12月には先住民の村で飼育された鶏を用い、クリスマスのスタッフドローストチキンを作ったこともある。骨をすっかり取り除いて中を空洞にした丸鶏の中に、ナツメグ、レモンピール、イタリアンハーブなどを詰めてローストすると、新鮮な香りが生まれるのだ。その時キッチン中に漂った香りにタンも誘われ、思わず「これ、食べさせてもらえるのかな」と言ったほどだった。

タンについて尋ねられたスタルは、こう答えた。

「ＥＱ（心の知能指数）が異常なくらい高いと思います。彼女と面談していたある人の話し方がとても直接的で無骨なので、そばで少し聞いていただけで怒りが込み上げてきたことがありました。でも彼女は冷静な態度で相手の考えに寄り添い、話題を理性的な方向へ導いていきました」

タンの仕事は、精神的な負担も大きいだろう。スタルは料理に長けた友人として、料理を通じ、沈黙のうちにタンを気遣った。

「タンが夜遅くまで忙しい時は冷蔵庫を開け、料理してあげられるものがないか見てみます」

これはささやかな気遣いに過ぎないが、彼女には自分の体を大切にしてほしい、とスタルは話した。各地の食材に詳しいスタルは、タンはどの食材に似ているだろう、と考えた。

「温かいトウガラシだと思います。それも辛さが後から爆発する種類の。心根が優しくても、やはり天才です。言葉に鋭いものがあり、話を聞いている人は、数分後にその隠れた意味に気付くのです」

ソーシャルエンタープライズ：起業家への思いやり

その日の新設ソーシャルエンタープライズ訪問は、特別な企画への協力も兼ねていた。台湾のテレビ局、公共電視の番組『誰来晩餐（ディナーに来るのは誰）』への出演だった。番組では毎回１人の有名人を招き、台湾の１家庭を訪問して夕食を共にしながら、その家族が直面している問題を一緒に検討する。

２０１８年9月のその日、タンはある4人家族の家に招かれた。父の陳人祥《チエン・レンシアン》はソーシャルエンタープライズの起業家で、母は会社員、17歳の娘はホームスクール（自学を中心にする教育制度）の学生、弟は小学生だ。

夕食のテーブルには、母親が用意したご馳走が並んだ。家族の会話では、ホームスクールで学ぶ姉が勉強の悩みを語り、小学生の弟は自分が遊んでいる「MINECRAFT」ゲームのコツを話した。タンは熱心に耳を傾け、時に感想やアドバイスを伝えた。

父親である陳人祥は、外見上はどこにでもいる模範的な父に見えるが、実は反骨の人生を歩んでいた。元はテクノロジー関連企業に高給で勤めていたが、野良猫の引き取り施設を作って70～80匹を養うようになってから、毎月かかる高額の維持費に窮するようになった。

そこで、環境に優しい猫砂を商品化し、その収入で野良猫引き取りという慈善事業を支えようと、研究開発にも取り組んだ。

どんなイノベーションにも費用がかかる。この志の高い事業に全力を尽くすため、父は会社を辞職し、ついには家も車も売り払ってしまった。ただ、夢に向かって突き進むうちにも迷いはあり、彼はこの夕食会でタンからアドバイスを受けたいと思っていた。

夕食の席で、陳は、本当にやりたいのは野良猫の収容だけではなく、社会の人々が命を大切にするよう、人々の感情や感じ方を変えることだと語った。そうでなければ動物を捨てるという行為は減らないからだ。

タンは、じっと耳を傾けてから誠意を込めて、

「人の感じ方を変えたいというお話は分かりました。でも、人の気持ちが変わるとすれば、それは自発的な行為でなければなりません。強要はできないのです」

とアドバイスした上で、「ACE原則」を考えることを提案した。

「ACE原則」とは、何かを始めるとき、他人が短い時間ですぐに関与できる(Actionable)、参加者の行動を多くの人が知ることができる(Connected)、さらに参加したいすべての人が商標、特許、許可による制限を受けずに元の表現をアレンジして再現することができる(Extensible)ようにする、という原則だ。

「この手法を使うことができれば、相手に大きな負担をかけることなく、サポートしてもらうことができるでしょう」

とタンは話した。ここ数年、インターネット上で大きな話題となっている社会運動、たとえば筋萎縮性側索硬化症(ALS)研究への寄付を募るアイスバケツチャレンジ(バケツの氷水を頭からかぶる動画を公開して募金する)は、最も典型的な「ACE原則」の成功例だ。

この夕食会で、思春期まっただ中の娘も、起業家の父に対する心の変化について発言した。

父親のことがメディアで報道されると、あるネットユーザーが「この父親はまず自分の事業をしっかりやってから夢を追うべきだ。家も車も売り払っては、家族が大変苦労す

る」と、批判的なコメントを残した。彼女はそれについて、

「この人たちに私たちの気持ちが本当に分かるのでしょうか。父は自ら手本となって私たちに多くのことを教えてくれています。私たち一家がいる場所、それが家です。どこであるかは気にしません」

と語った。

娘の温かい言葉を聞き、母は涙を流した。

「子どもたちに分かってもらうのはぜいたくな望みだと思っていました。大人が決めたことであり、子どもたちはそれに従って生活するしかないからです。私たちの努力はまだ実を結んでいませんが、娘の話を聞いて、子どもたちは私たちの気持ちを分かってくれていたことを知りました。苦労は多くありますが、これからも皆で努力していこうと思いました」

最後にテレビ局スタッフがタンに、今回の夕食会の感想を尋ねた。彼女は優しく落ち着いた声で「互いを気にかけ、思いやりを持つ、とても結束力の強い家族ですね」と答えた。

別れ際、弟がタンにサインを求めると、彼女は英語で「share & enjoy（シェアして楽しむ）」と書いた。

タンは、家族は互いに支え合えば、必ず難関を乗り切れると信じている。なぜなら、彼女自身がそうした家庭に育ったからだ。彼女は成長の過程で大きな荒波を経験した。それ

は一艘の小舟が荒れ狂う海を渡るような経験だったが、家族の支えにより、安全な対岸へとたどりつくことができたのだった。

その経験を知るには、タンの子ども時代にさかのぼらなければならない。

Episode 2　天才児童

――There is a crack in everything
ものにはすべて　裂け目がある
That's how the light gets in.
そうして　光が差し込むのだ

by　レナード・コーエン

謎に満ちたわが子

この世に生まれ出た天才は、常に憧れの的となる。２０１６年、35歳でＩＴ大臣として台湾の人々の前に現れたオードリー・タン。一斉にメディアのスポットライトを浴びたのは本人だけでなく、両親も同じであった。どうすればこんな天才が育つのか、みんな知りたがった。

しかし、タンの０歳から14歳まで、両親と最も密接に過ごす時期を真に振り返るとなると、タンは両親にとってほとんどの間、謎であったと言えよう。そしてこの謎をひも解く過程において、ともすれば一家は崩壊の危機にあった。

この謎に満ちた存在に向き合う中、両親は、自分自身の生い立ちにも育児書にも、それらしい答えを見つけることができなかった。

タンは24歳まで生理学的には男性で、唐宗漢《タン・ツォンハン》という名前だった（混乱を避けるため引き続き唐鳳と記述するが、ここではしばらくタンを「彼」と呼ぶことにする）。

生まれて40日後、彼は顔色が紫に変わり、病院に運ばれたことがあった。医師の検査で先天的に心室中隔に欠損があることが分かった。薬を長期的に服用する必要があり、ある程度大きくならないと手術できないということだった。

そのため、医師は両親に、なるべくこの子を泣かせたり、風邪を引かせたり、激しい運動をさせたりしないように、と伝えた。

そのころ両親は新聞社で働き、とても忙しい日々を送っていた。彼の体があまりに弱いのを見かねた両親は、祖父母とともに海に面した新北市のふるさとから台北市に転居し、この子の世話をすることにした。そのころ、台北に通学・通勤する叔母と叔父も、一緒に同じ敷地の隣り同士に住むことになった。二家族は食事も一緒だったから、タンは小さなころから大家族で育った。昼間は祖父母が面倒を見て、叔母と叔父が仕事から帰ってくると先を争って彼の相手をして遊んだ。両親が夜に帰ってきて、やっと親子の時間を過ごすことができた。

タンの父、唐光華《タン・グアンフア》は国立政治大学と大学院で政治学を学んだ。大学では古代ギリシャ三大哲学者を深く敬愛する恩師に出会い、深く啓蒙されて以来、生涯をかけソクラテスの信徒となっている。卒業後には台湾の大手新聞社、中国時報に就職し、能力を発揮したことから、どんどん昇進して副編集長まで務めた。

ソクラテスの名言「無知の知」を信奉し、無知を克服するための書を愛する父は、手元に小遣いがあればすぐに本を買った。そのため家には幅広く数多くの蔵書があった。このような環境から、タンはさまざまな書籍に囲まれて育った。そして3歳を過ぎると、子ども向けの本を手に取り、好奇心たっぷりに複雑に変化する漢字の形を見比べたりするようになった。

彼にとって、本に書かれた文字は魔力にあふれていた。最初は母の李雅卿《リ・ヤチン》やそのほかの大人に読み聞かせてもらっていたのが、読める字がどんどん増えていき、分からない文字は家の大人に聞くようになった。

心臓が悪かったため、あまり外で遊ぶことはできず、家で多くの時間を過ごした。大人たちはまた、カッとなったりして発作を起こすことがないよう、常に優しく話しかけ、強く叱るようなことはほとんどしなかった。読むことが大好きな彼は、だんだん漢字やアルファベットが読めるようになり、やさしいものから難しいものまで読み漁り、ついには数の計算さえできるようになった。

幼稚園に上がると、彼はそこが家とは全然違う場所であることに気づいた。同じ年ごろの子どもと比べると、彼は考えるのが好きだった。身体をうまく使うことができず、モタモタすることもあったため、同じクラスの子どもたちからは笑われた。

小学1年生で連立方程式

学校になじめないという感覚は、小学校に上がると、さらにひどくなった。

小学校に入るとすぐ、1年生の教室では、先生が算数の授業で基本的な数と量を子どもたちに教えようとしていた。家ですでに連立方程式を解くまでになっていたタンは、先生が出す問題が簡単だと思い、XYの代数を入れて答えを得た。

このやり方に間違いがあるかというと、まったくない。けれども、小学1年生がこんな数式を書くのはおかしくないかと言えば、まったくもって異常である。タンの先生は、あまりに変わった生徒がクラスにいることに、すっかり驚いてしまった。しかも、この生徒のほうも、先生が教える内容を、自分がすでに習得していることに驚いたのだった。

そのうち、タンが授業で見せる反応に、先生が対処しきれなくなることが増えた。先生が１＋１＝２と教えると、タンは「そうとは限りません。二進法だったら１＋１は２になりません」などということもあった。

こういった光景がほぼ毎日繰り広げられ、先生も困り果ててしまった。ついには、今後算数の授業時間は教室にいなくてもいい、ということで、先生と生徒は合意した。タンは周りの子どもの邪魔さえしなければ、図書館で本を読むなどしてもいいことになった。

これは互いにとって良い方法のように見えたものの、タンの胸に疑問を巻き起こした。まず、集団の中から先生の手で引き離され、とても寂しい思いをしたこと。そしてもう１つ、なぜ教室でみんなが同じ内容を一緒に学ぶ必要があるのか、ということである。

このとき、家でも問題が起こっていた。

幼いころからタンの面倒をみてきた祖母だが、ここにきて風変わりなことばかり聞かれ、対処しきれなくなっていたのだ。あるときタンは、「太陽の黒点」とは何かをたずねたが、祖母は答えることができなかった。タンは、

「おばあちゃんに何を聞いても分からないんだもの」

と機嫌を損ねた。仕事を終え帰ってきた母に、祖母はがっかりしながら、

「あの子の聞いてくることは分からないことばかり。何をどう調べていいのかも分からないから、面倒を見切れない」

と語った。

母はこのことについてタンにたずねると、彼は、

「ごめんなさい。じゃあ誰に聞けばいい？」

と言い、母親は、

「学校なら先生に、家ではお父さんとお母さんにね」

と答えた。だが、母が思ってもみなかったことに、先生にも両親にも答えられないことをしょっちゅう訊ねられる日が、すぐやってきたのだった。

また、別の問題も生じた。ちょうど弟の唐宗浩《タン・ツォンハオ》が3歳になったころだった。兄弟2人は仕事をしている母親にたびたび電話をかけ、母親の気を引こうとしたのだ。そこで、母はついに現実に向き合うことにした。父親と相談して民主的に家族会議を開き、父か母のどちらかが会社を辞め、家で子供の面倒を見ることにしたのだった。

投票の結果は3対1で、母が3票を獲得した。父の1票は、唐光華自身が自分のほうが家にいるのにふさわしいと投票したものだった。両親は同じ新聞社で働いていたのだが、父の考えでは、法学部の大学院を出た母親のほうが記者として優れていて、上司の覚えもめでたかった。勤めはじめてたった8年で、教育、立法、司法、文化、環境保護、市民運動、政治までをカバーし、あっという間に取材部門の副主任（2番手）となり、明日のエースと見られていたこともあり、職場を離れるのはもったいないくらいだった。

唐光華はこうも考えた。本で読んだ哲学者のサルトルとシモーヌ・ド・ボーヴォワール

の逸話では、フェミニストのボーヴォワールとサルトルの愛は波乱もあったが、生涯を通じ互いを尊重し合っていた。唐光華は、女性も男性も同じように能力があり、チャンスがあればそれを活かすべきであると考えている。

ただし、子どもたちは母に票を投じたため、父がよかれと考えたことは実現しなかった。結局、母は仕事を辞め、子どもに付き添う形で、次なる学校生活がスタートした。だがしかし、この新しい生活はなんと、悪夢の始まりだったのである。

優等生クラスへ

2年生に上がる前に受けた、優等生を対象にした知能検査で、タンのＩＱは最高レベルの数字であることがわかった。両親は、彼を2年生から別の学校にある優等生を集めたクラスに入れないか、という学校からの手紙を受け取った。台湾にはその頃、学校の推薦で優等生だけを集めたクラスが、限られた学校に設置されていた。

タン自身も、もといたクラスは少しつまらないと思っていたので、母と話して新しい学校に転校し、新たな環境を試すのもいいかもしれない、と考えた。しかし、新しい学校の優等生クラスに入ると、そこで彼を待っていた試練は、勉強などではない、もっと別のことだった。

彼は優等生クラスで班長（学級委員長）になり、勉強もよくできた。しかし、このクラスの保護者は、わが子の成績を他の子どもたちと比べたがるため、自分より成績のいい子を妬む子も出てくる。タンはある日、１番になれないからといって父親にぶたれた子に、恨みがましく、「お前なんか死ねばいいのに、そしたら１番になれるのに」と言われた。

同級生は彼にとってストレスになった。先生も、である。時に殴る教師もいたからだ。ある時は、ハンカチとティッシュを忘れてしまい、先生から罰を受けた。３年生でも班長に選ばれたが、理科の授業でクラスがまとまらなかったと言って、先生は目を閉じて立っているようクラス全員に命じた。こっそり目を開けたところを先生に見つかった彼は、班長なのにルールを守らなかったといって、ほうきで殴られた。

音楽の授業は大好きだったが、先生が交替し、新しい先生は「教室の椅子の脚みたいな」太い棒で子どもを叩いた。

班長である彼は先生から、みんなをきちんとさせるため、決まりを守らなかった生徒の名前を黒板に書いておくよう命じられた。すると、名前を書かれた生徒は先生から罰を受けるのだ。彼は家に帰って母に、

「みんなが僕を恨んで、授業が終わると殴りに来るんだ。すごく嫌だよ」

と訴えた。

ある日、優等生クラスの先生がテスト用紙を配り、20分以内に終えるように言うと、教室から出て行った。タンはあっという間に問題を解き終えたが、終えられない生徒が、彼に答えを見せるよう、手を伸ばしてきた。見せまいと用紙を持って逃げたが、４、５人に追いかけられ、思わず転んでしまった。追ってきた１人が彼を捕まえ、ありったけの力で

蹴った。壁に打ち付けられた彼は、気を失ってしまった。

知らせを受けた母が彼を家に連れて帰って、風呂に入れようと服を脱がせたとき、お腹に大きな青あざができていた。それほど強く蹴られたのだ。

これは、彼の先の見えなかった学校生活の、ほんの1コマである。この年、悪夢を見てうなされては、起きてしまうことがしょっちゅうあった。死にたいと思うことが何度もあった。学校を休みがちになり、家で部屋に閉じこもり、泣いたり、本を読んだり、ぼーっとしたりしていた。しばらくして、母に「学校には行かない」と言った。

当時、登校拒否の子どもの存在は、家庭にとって平穏をぶち壊す爆弾のようなものだった。お決まりの常識やルールが、粉々に砕け散ってしまう。しかし、タンの母は、学校生活によって死にたいとまで追い詰められた我が子を見て、直ちに転校を決めた。

台北市内の指南山近くにある、小さな小学校に通うことにしたのだ。山にある小学校は、比較的に親切でリラックスできるが、一方で、タンの知識欲を満たすことはなかなかできなかった。母は子どものため、いろいろな学習素材を探しながら、家である程度の自習を行うことを応援したりした。

ただ、こういった母の思いやりも、学校の教師にとっては喜ばしいことではなかった。家族ですら、子どものこうした在宅学習はにわかには認め難いものである。父、祖父、祖母、叔母、叔父、誰一人として賛成する者はいなかった。

いちばんショックを受けたのは、父の唐光華である。自分の子どもの頃を思い出しても、先生は、「良い学校に入るため」だと、生徒に体罰を加えたものである。試験で良い点を取るためにと、先生が木の棒で生徒の尻を叩くと大きな音が鳴り響き、恐れと不安でいっぱいに包まれたあの教室の光景は、今でも忘れられない。

父は大学に行くようになって、初めて知性に満ち溢れた先生と出会い、知識を得ることの純粋な喜びと魂のときめきを知った。そして毎日、ニーチェやキェルケゴール、カミュら哲学の巨匠の書を読み耽り、「そのときから、自分にとって自由こそが最も大事な価値観になった」という。

だから父は、どんな年齢の子どもであっても、適切な指導さえあれば、こういった知の喜びを知るようになるだろうと信じていたのである。

唐光華は権力や体罰を用いて子どもに向き合うことはしなかった。タンの両親は、タンが3歳になるまで、父とある神秘的な儀式を交わしていたことを覚えている。父が仕事に行く前、タンは神妙に小さな石を父に手渡す。唐光華もうやうやしくそれを受け取ってポケットにしまい、家を出るのである。はたから見るだけでなく、本人たちも今となっては何のためだったかよく覚えていない儀式を、父子は長い間続けた。まるで幼子が自分の心を父に託し、父は子のために外の世界を探索し、見聞を持ち帰るようであった。

タンが幼稚園のころ、唐光華はよく彼の手を引いて、散歩をしながらソクラテスや因数分解、マーティン・ガードナーの『矛盾集錦』（数学の六分野〜論理学、確率、数、幾何学、時間、統計にある矛盾を記したもの）について語り、人生の真善美について話した。唐光華は彼が生まれて初めて出会った数学と哲学の教師であり、こういった幼い頃の散歩で見聞きしたものが、その後の人生に影響している。

3歳から7歳といえば、大抵の子はレゴブロックで遊んでいる年頃だが、タンは数学の方程式に魅せられていた。方程式を解くのはゲームのステージをクリアするようで、難しい問題を征服する楽しさのあまり、9元連立1次方程式に挑戦するほどだった。

しかし、学年が上がり、タンが学校で過ごすことが難しくなるほどに、父との関係は張り詰めたものになってきた。唐光華は、自分の育てたわが子は現実や学校から逃げずに、問題に果敢に向き合い、乗り越えるべきだ、と考えていた。タンのほうはむしろ、父親は彼の苦しみを理解していないと思った。

大人が乗り越えるべきと思う障害を、なぜ乗り越えられない子がいるのだろうか。

それから数年後のこと、ある学者がこのような子どもは、「ハイリーセンシティブチャイルド（ＨＳＣ）」（アメリカの精神分析学者であるエレイン・Ｎ・アーロン博士が１９９６年に提示した概念）であり、生まれつき持った感覚・知覚によって、喜怒哀楽のどれを取ってもひと一倍敏感に察知するのだと指摘した。

このような子どもは幼いころ、傷つきやすく感じやすい。けれども、この困難な成長期を何とか耐え抜いて大きくなれば、同年代の子どもより落ち着いて内省的な性格を持つと言われる。

ただ、このころはこの研究がまだ広く知られていなかった。やがて、タンの家族にとっては災難とも言うべき状況が繰り広げられるようになった。

父子の軋轢

一時期、父子はどんなささいなことでも喧嘩になった。歩き方、歯磨きの姿勢、どんなことでもぶつかり合った。

唐家の夕食には、自分の親の世代が席についてから食べ始める、という暗黙のルールがあった。ある日、タンは唐光華がまだ座ってもいないのに、席について食事を始めた。なんと、このことが激しい衝突を引き起こしたのだ。タンは腹を立て、

「お父さんだからどうだって？　お腹が空いたのに、なんで先に食べたらいけないの？」

と言うと、積もり積もった唐光華の怒りが爆発した。めったにないことに親の権力を振りかざし、食卓から立つようタンに命令した。

タンも怒り狂った。かたわらの壁の前に立つと、思いっきり力を込めて自分のほおをぶん殴った。母は驚きのあまり声も出ず、唐光華はきびすを返してその場を離れた。

後になって唐光華は、自分はそこで何をしたらいいかまったくわからなくなり、その場を離れずにはいられなかった、と妻に語った。そうしなければ、涙があふれ出るのを止められなかっただろう、と。子どもに正面から逆らわれ、よき父であろうとする信念と自信が打ち砕かれたのだった。

父子の軋轢は日常のことになった。唐光華と李雅卿の夫妻、そして祖父母それぞれとの

間で、子どもの教育について意見の違いが出て来るようになった。そのことは父にとって耐え難いほどの重圧となり、妻との間すら、うまくいかなくなっていた。ある日、唐光華は李雅卿に、ドイツで博士課程を学び、将来に備えて知識を深めたい、自分がしばらく家のいざこざから離れることが、みんなにとって良いことだと思う、と告げた。

一家の中心である父が台湾を離れてドイツに行ってしまうと、この大家族をより大きな不安が襲った。タンの祖父母は、タンの両親が離婚してしまうのではと心配のあまり、常に言葉でこの家庭を和ませようとした。

心に不安を抱えながら、李雅卿は1人で、学校に行かない子の面倒を見つつ台北で暮らした。これからタンをどう教育すればいいのだろう。母にも分からなかった。

運命の出会い

自問自答していたこのころ、ちょうどある基金が、後に台湾の実験教室の先駆けとなる森林小学校の開設を準備していた。李雅卿はたまたま参加したシンポジウムで、のちにタンの人生を変える恩人たちに出会ったのだった。

シンポジウムで出会ったカウンセリングのプロフェッショナルでもある教師の楊文貴は、タンにいま最も重要なのは、仲間に受け入れられること、知識の探索、無限の想像、思いやりにすっぽり包まれることだと見抜いた。李雅卿も、この子の人生をやり直すためには、この四つから始めなければならないと悟った。

家族の愛情は、困難に満ちた人生に立ち向かうタンを応援するには十分だった。このほかに、この9歳の子にはのびのび過ごせる学びの場と、よりよい学びの仲間と、知性と感性を兼ね備えた教師の指導が必要だったのだ。

シンポジウムで間接的な紹介を受け、李雅卿はタンの新しい数学の先生、国立台湾大学数学科の朱建正教授を探し当てた。朱建正は台湾でも有名な数学教育者であり、また自身にも優秀な3人の子どもがおり、このタイプの子どもの思考回路をよく理解していた。朱教授はタンに、週2時間、研究室におしゃべりにいらっしゃいと言った。

何をおしゃべりするかって？　このころのことを振り返り、タンはこう語る。

「朱先生は思いつくままに私とおしゃべりをして、帰り際には、家でよく読んでみるようにとアイザック・アシモフの小説を1冊持たせてくれました」

朱建正は、天才を刺激するのは天才のみだ、ということを知っていたのかも知れない。アシモフは伝説的なＳＦ作家であり、博識で多作だった。19歳のときに名門のコロンビア大学を卒業し、博士号を取得したものの、のちに大学での職を辞して作家に専念した。50年を超える創作生活で５００冊近くの作品を刊行し、そのうち２００冊以上は自らの執筆、その他では編者などを務めた。驚くべきこの出版量は、図書分類のデューイ十進分類法では5つの分野に及び、得意のＳＦ小説に加えて、ポピュラーサイエンス（大衆科学）から、クスリと笑える諧謔詩までを手掛けた。

ＳＦ界の最高栄誉賞を受賞したアシモフの最も有名な作品は、ロボットをテーマにしたシリーズや、銀河系を舞台にした「ファウンデーションシリーズ」である。いずれの作品も面白いエピソードと人間味にあふれ、読む者を魅了する。作品には数理の基礎も関係しているため、タンの興味を引くにはちょうどよかった。朱建正は、本人の興味さえ引き出せば、それから先の学びは難しくないことを知っていたのだ。

このころ、楊茂秀博士という研究者が、コロンビア大学の哲学教授であったマシュー・リップマン（Matthew Lipman）に刺激を受け、台北市で子ども向けに哲学を教える毛毛蟲（毛虫）哲学教室を開いた。リップマン博士は、哲学は歩いたり話したりするのと同じように、子どもたちが小さい頃から学ぶべきだと考えた。ただし、子どもの哲学と思想は、先生が一方的に教えるのではなく、先生との対話と議論を通じて行われるものである。

李雅卿は友人の勧めでタンを連れてこの教室にやってきた。ここで、思想の先生として陳鴻銘に出会った。

当時、タンは小学3年生、陳鴻銘は輔仁大学哲学研究所の大学院生だった。年齢は違っていたが、この先生と生徒が教室で選んだテーマについて、対話と思索を重ねるのを李雅卿は嬉しく受け止めた。

この討論には3つの側面があり、3つのCを頭文字にした思考として表される。

1　批判的思考（critical thinking）：なぜ自分がこう考えるのか、なぜ他人がそう考えるのかとその理由を考える。

2　ケア的思考（care thinking）：討論の際に他人がどう感じるかに配慮する。

3　創造的思考（creative thinking）：もっと独創的な考えができるかどうかに踏み込み、自分らしいものを生み出す。

ある集合体の中でこのような手順を継続的に練習し、メンバー一人ひとりが協力して討論し、共に思考する習慣を身につけることができれば、最終的に得られる答えは、権力を使ったのではなく、すべての人の共通認識から生まれたものとなる。小学生の子であっても、お話やゲームの導入があればこういった思考について学ぶことができるのである。

6年生のクラスに飛び級

こういった思考の訓練が今に至るまで、タンの人生に影響を与えていると言えよう。今やタンは、どんな場合のどんなテーマに答えるかを問わず、常に心の中でこの3つの側面から論点を洗い出し、他人を説得できる結論を、思考によって導き出している。

当時、教室の外で待つ母は、我が子が教室で先生と話すとき、考えながら教室をぐるぐる走り回り、その顔は一心に考える喜びに満ち溢れているのを見ていた。これが彼の待ち望んだ平穏な生活だった。

また、楊文貴先生は自分が講師を務めていた母校の大学サークルで、タンと学びながら遊んでくれる良い仲間を見つけてくれた。この数理の得意な大学4年生の学生たちは、小学3年生のタンと数学について語り合い、中学1年生から3年生までの練習問題を解いたり、余った時間にブリッジで遊んだり、コンピュータをいじったり、光華商場（日本の秋葉原のような商店街。今は移転）をぶらぶらしたりと、数学を学ぶこと、世界を探索することの両方の願いをかなえてくれた。

あらためて哲学と数学を学び始めたタンは、心身のよりどころを手に入れたようだった。このとき、新北市新店の山中にある、自然に親しむことのできる小さな小学校をすすめてくれる人がいた。その小学校の校長も、人とは違うやり方でタンが学ぶことに、喜んで手を貸してくれた。そして、4年生になったタンは、同じ学力の6年生のクラスに入れてもらい、1週間に3日学校に通い、他の時間は数学や哲学の勉強を続けて良いことになった。

水辺のある山の中の美しい学校で、校長をはじめとする温かい先生たちに囲まれ、タンは落ち着いて心の傷を癒すことができた。ここでは心も体ものびのびとでき、知性に栄養が注がれ、詩を鑑賞したり、自分でも詩を詠んだりするのが大好きになった。彼は、詩を書くときは考えなくても文字が自然にペンの先まで流れていくのだ、と母に言った。こう語る彼は、久しぶりにきらきらした笑顔を見せた。

このころタンは、数学と哲学に加え、小学2年生から独学で書き始めたプログラミングでも徐々に進歩を見せていた。

2年生のころ、それは彼にとって優等生クラスでの暗黒期だったが、学校に行くのはじめで、部屋に閉じこもって本ばかり読んでいた。あるとき、家に『Apple Basics入門』という本を発見した。IT業界で働く義理の叔父（叔母の夫）が持ち帰ったものだった。

これがアルファベットの組み合わせで書かれるプログラミング言語との出会いだった。

家にはまだパソコンがなかったけれど、あまりに面白かったので、紙にパソコンのスクリーンとキーボードを描き、アルファベットのコマンドを鉛筆で書き、次のステップに入るとその前のコマンドを消しゴムで消し、また新しいのを書いた。

いつまで経っても夢中になっているのを見た母は、ついにパソコンを買い与えた。それから、叔父さんはタンが独学できるように、ときどきコンピュータの書籍を持ち帰るようになった。弟が学校で算数を習い始めたころ、彼はプログラミングを始め、弟に楽しい方法で算数の練習問題を復習させたり、コンピュータゲームを使って分数を教えたりした。

新店の小学校へ通うようになると、タンの通学のため、そして自身も少しゆっくりするため、母親は祖父母の家を離れ、新店の山に囲まれた花園新城に引っ越すことにした。思いがけず、これがきっかけで家族の再生が始まることになった。

花園新城は、台湾の著名な女性建築家が設計したニュータウンだ。木々が生い茂る林に囲まれ、緑があふれている。芸術家や文化人が数多く住むようになり、パリのモンマルトルのように、文化の香り高い地区となった。詩人、画家、写真家、作家が近所同士となり、互いに助け合い、生活に必要なリソースや教育、創造性を分かち合った。

李雅卿は子どもを連れて、ここでようやく一息ついた。タンの教育も地に足がつき、母の心はそのおかげで落ち着いてきた。母は、このころのことを自著にこう記録している。

「山での歳月は、タイワンゴシキドリがいつもお供をしてくれる。金の翼と白眉を持つこの鳥が木々の梢で飛び跳ねる。たまに立派なルリチョウが庭で厳かにその命を終えることもある。清らかで美しいヤマムスメは、たった一度、梢から斜めに飛び立つ姿を見たが、はっと立ち止まるような佇まいは一生忘れないだろう。

　透き通った流れの蘭渓には小さな魚たちが泳いでいく。春には真っ白なアブラギリの花で天と地が包まれ、雨でも降ろうものならあたり一帯が花の河に様変わり。秋は楓の葉が舞い落ち、ギザギザした松ぼっくりが風に吹かれて転がる……いつも朝の時間は、やわらかな日の光に包まれて光華を想い、手紙をしたためる」


　さて、ドイツで博士課程で学ぶ唐光華は、そのころどうしていたのだろうか？

　家族と離れた異国での暮らしは、自分を振り返る時間と空間を与えてくれた。ドイツで住む家の書斎を「慚愧軒」と名付けたことからも、父の深い反省の念がうかがえる。ドイツで親が子どもを尊重する教育を目の当たりにし、すっかり目からうろこが落ちた。そこで、父は家族との関係を修復しようと、やがて一歩を踏み出した。

　ベルリンの壁が崩壊すると、父は写真を撮りに行き、拾った壁のかけらと一緒に子どもたちに送った。美術展に行くたびに、展覧会のポストカードに作品に対する見解を書いて送った。そうしてゆっくりと、子どもたちも父から来る手紙に興味を持ち、返事を書くようになった。父が休暇で台湾に帰ったときには、かつて家庭を引き裂いた傷口も、もう癒えたようだった。

　しばらくして、小学4年生のタンは、6年生の学習を終えた。何人かの先生と話した結果、李雅卿は子どもを連れてドイツに行き、父と落ち合うことにした。
まさかこの旅が、家族の人生を変えるとは、このときはまだ思いもよらなかった。

ドイツで気づいたチームの力

現地の学校に入るとすぐに、李雅卿は、教師や校長先生が非常にはっきりした、しかし台湾とはまったく違う教育理念を持っていることに気づいた。学校は保護者に対し、成績トップの生徒を育てることには重点を置いていない、と念を押したのだ。このため、先生たちは特に賢い子どもについては、思うままに伸び伸びさせる一方、学習の遅れている子の世話を重点的にするのである。

ドイツでは言葉の壁があるため、タンは本来なら5年生だが、1学年下がって4年生をやり直した。ドイツでは小学4年生の最初に掛け算を学習する。初めての授業の時に、タンがこれまでマスターした数学の記号を書いて見せると、数学の勉強はしなくてよいことになった。ただ、ドイツ語はゼロからのスタートだったので、「遅れのある子をできる限り指導する」と言われたとおり、学校は全力でサポートしてくれた。

算数の授業のとき、先生はドイツ語の練習帳を一枚一枚プリントにして彼に書かせた。また、先生はタンにテキストを配るのを手伝わせたり、教科書の内容を暗唱させたりと、いかなるときも練習のチャンスを見逃さなかった。

ドイツ語の文字を少しでも書き間違うと先生に指摘されたが、笑われたりすることはなかった。ドイツの子どもたちは4年生になると自転車の運転免許試験を受けるのだが、これには筆記試験と実技試験がある。先生が2カ月間みっちりドイツ語を教えてくれたおかげで、タンは読み書きも会話もできるようになり、一発で試験に合格したので、これには試験を実施した警察もびっくりだった。タン自身もこれで異国で学ぶ自信がついたのか、同級生と一緒にフランス語を学び始めた。

タンは、ドイツの学校には台湾の学校とはまったく違うところがたくさんあることに気づいた。クラスの選挙では、誰かを管理するような権力を持つ委員を選ぶことはしない。ただクラスのみんなを助けるだけの、テキストを配ったり、片づける係を選ぶ。

一見すると、先生のいないときにはみんなふざけたりしているようだった。しかし、実際には管理する人が誰もいなくても、誰かが別の子の邪魔をしたりすれば、みんなでたしなめる。権力としての力ではなく、チームの力が、いたるところに自然とあった。

ドイツの教師は生徒を叩いたりしないことにも気づいた。聞き分けが悪く、クラスの秩序を乱しそうな子がいると、先生はまず言葉で叱る。それでも言うことを聞かなければ、先生の隣りに座らせる。それでもだめなら、家に帰らせる。これが最も重い罰だった。

ドイツの先生が、子どもを叩くのとは別の手段で教室の秩序を守るのを知って、母は興味津々だった。あるとき、母はドイツの大学教授に「ここでは先生たちは子どもを叩かないんですか」とたずねた。

すると、生まれも育ちもドイツのこの先生は、20年も30年も前、自分がまだ学生の頃には、先生に叩かれたことがあると言った。先生に木の板で尻を叩かれた、あのヒリヒリするような痛みをまだ覚えているそうだ。

その後、1クラスの生徒数が減り、先生もクラスの秩序を保つプレッシャーから解放されていった。また、子どもを教育する責任は家庭にあることが、だんだんと社会の共通認識になっていったこともあり、子どもが学校で何かしでかすと、先生は保護者を学校に呼び、子どもと三者面談を行い、対策を考えるようになったのだ。

また、タンはドイツ人が時間に厳しく、小学校のころから時間を守るという考えが養われていることに気づいた。サッカーチームの練習に遅刻したら、フィールドでボールを蹴ることはできない。ただし、帰ることもできない。ただベンチに座って練習が終わるまで、2時間を無為に過ごすのである。

食卓での家族会議

ドイツでの日々は、激しい感情に引き裂かれたこの家族の関係をゆっくりと修復していった。夕食のテーブルでの話し合いは、知的で温かい風格に包まれるようになった。

あるとき、父は、子どもたちがある吸血鬼をテーマにしたコンピュータゲームで遊ぶのに反対し、「そのゲームはよくないと思うので、プレーしないように」と言った。たちまち一家で討論が始まった。テーマは、「お父さんは偉そうに子どもに命令してもいいのか」だ。

「お父さんは自分がお父さんだと思って、それに子どもたちを養ってるからって、えらい存在だというの？　どうなの？」

　タンが口火を切った。

「お父さんがそう言ったの？」

　母はそうとは聞いていないと言った。

「そうだよ。前に怒鳴られたときにそう言ってた」

　タンは答えた。

「じゃあ、お父さんはそういう風に偉そうにしてもいいと思う？」

　母は聞いた。

「もしお父さんが養ってくれなかったら、お腹がすいて死んじゃうから、お父さんに偉そうにされても自分たちにはどうしようもないよ」

　タンはしぶしぶこう言った。政治を学んだ父はこう言った。

「地位の高さは、ある時は知識と道徳から、ある時は権力から生まれる。ここで言いたかったのは権力ではなく、知識と道徳だよ。お母さんは法律を学んだ者としてどう思う？」

「今日話しているのは権利についてで、権威や権力の話じゃないと思う。お父さんはお金を稼いで家族を養っているから子どもに命令できるか、といえば、それはできないと思う。私たちは子どもを持ったら育てるのは当たり前で、そうじゃなかったら育児を放棄することになる」

母は極めて真面目に答えた。

「親権というものは、お金を稼いで子どもを養うからあるものじゃないんだね?」

タンはたずねた。母はそこで、親権とは、両親が子どもの身体の安全と財産を監督保護する権利だ、と付け加えた。

「でも、緊急事態だとか、君たちが明らかに法を犯したときは、親が子どもに命令してもいいよね?」

父は具体的にいくつかの場合を述べた。

「いいよ。ただし後でちゃんと理由を説明すること。だけど、吸血鬼のゲームをプレーするかどうかは緊急事態でもないし、法律にも関係ない。だから命令はできないよ」

タンは言った。

「それには同意する。でも親としては、子どもをちゃんと教育する責任があると思う。だから、この吸血鬼のゲームがあなたたちにふさわしいかどうかについて話し合いたいと思う」

母は言った。

母がこう結論付けてから、食卓では新たに別の議論が始まり、合意に至るまで続いた(筆者注:これらのエピソードは李雅卿の著作『成長戦争』に収められている)。

台湾にいたころ、この家族はある日の夕食の食卓で決裂した。ドイツに来てから一家は、より多くの理解とコミュニケーションを持つようになり、ついに食卓でわだかまりを解く術を身に着けた。

台湾に帰って教育を変えたい！

食卓でのいろんな話し合いにとどまらず、一家はドイツの自宅リビングにも珍しい客人を迎えた。

唐光華は、１９８９年5月の北京で、天安門事件を目の当たりにしていた。中国の知識人が民主化の声をあげ始めたこの時は、中国共産党の統治下で、歴史上最も民主化に近づいた瞬間だった。政治を学んだ唐光華は、当時北京にいた知識人たちが闘わせる議論に興味を持った。

「経済発展を優先するなら、民主化するほうがいいのか？　中国がいま民主化したら、権力の腐敗を避けられるのだろうか？」

しかし、新聞記者という中国では微妙な立場のため、仕事としてではなく、のちに休暇を取って北京に出向いた。到着の翌日がちょうど5月13日。北京では学生のハンガーストライキが始まり、30万人もの人々が天安門広場に集まっていた。

それからの数日間は、中国各地の学生と市民が連帯し、街には革命の機運が高まっていた。北京を歩き回っていた彼はある日、北京大学の前を通りかかった。キャンパスのあちこちで、運動に加わった学生たちが意気揚々と詩句を書き記していた。理想と情熱が満ち溢れた言葉に、彼は感動した。紙とペンを取り出し、30句余りを書き写して、のちに中国時報に発表した彼は、この歴史の一幕の目撃者となった。

その後、中国からの亡命学生が、知人の紹介でドイツの家を訪ねてくる機会があった。唐光華は世間話をしながら、彼らと政治思想や民主制度について議論した。時には人類史上の6つの政治体制（民主制から全体主義まで）について、時には代議政治の短所について、またある時にはさまざまな分野の公的な問題について語り、どのように方向修正すればより多くの人が幸せになれるのか、という大人たちの議論を、タンはそばに座って聴いていた。

こういったリビングで繰り広げられる熱い討論は、小学生にとっては難解であったかもしれない。けれども、タンののちの人生の重要な局面を見ると、この時に知らず知らずのうちに何らかの導きを受けていたようにも見える。自分の努力で自身の幸せだけを求めるのではなく、より多くの人が今よりも幸せになれるように、と。

ドイツの小学校では4年生として学んだわけだが、ドイツの教育課程ではそろそろ、これからどの中学校に行くかを決めるときが迫っていた。唐光華は博士号をまだ取得していなかったため、一家はタンをドイツで中学校に進学させようと考えていた。クラスでの成績も良かったので、先生はある名門中学校に行くよう勧め、自ら推薦状まで書いてくれた。

このとき、アメリカから来たまた別の華僑の客員研究員が、タンの優れた資質をみて、アメリカの名門校に行かせないか、と唐家を説得していた。

大人が2つの親切な申し出の板挟みになっているころ、タンは母親にこう言った。

「お母さん、ドイツに残るのもアメリカに行くのも嫌だ。台湾に帰りたい。自分の場所で大きくなりたい」

母の李雅卿は、一瞬きょとんとした。まさかこの子が台湾に戻って中学校に行きたいだなんて。小学校に比べ、中学校はもっと恐ろしい進学のプレッシャーが待っている。あんなに苦しんだ日々を、もう一度繰り返したいとでもいうのだろうか？

タンは母親にこう言った。

「台湾にいたときはまだ4年生で、6年生のクラスに飛び級したけど、周りのクラスメイトに理性を説くことはできなかった。彼らには理解できないから。ドイツに来て、学年が下がって4年生をやり直したけど、クラスのみんなは自分より年下なのに成熟していて、物事をうまく処理できた。

ドイツの同級生は自分より学力は低くても、自分より大人で自信もある。どうして台湾の子どもたちはああで、ドイツの子どもたちはこうなんだろう？　っていつも考えてた。台湾に帰って教育を変えたい！」

この言葉は、両親が段取りしていた計画をふたたびかき乱すものだった。しかし、予想通りというべきか、この両親は最終的には、大いなる愛情をもってタンが行きたい場所に行かせるのである。今回彼が選んだのは、ふるさとだった。

ちょうどその頃、ドイツで健康診断を受けたところ、タンの心臓に雑音があることがわかった。検査の結果、4歳の頃に癒着した心室中隔には、身体の成長によって再び裂け目ができており、今回は必ず手術を受けなければだめだ、と告げられた。そこで父親が1人ドイツに残って学業に専念し、他の家族はすぐに台湾に戻り、タンに治療を受けさせた。

12歳のとき、タンは初めてのハンドルネームをAutrijusにした。「みんなの子ども」という意味である。数年間に及ぶ波乱万丈の歩みを振り返って、自分が歩き続けてこられたのは、家族が一緒にいてくれただけでなく、たくさんの先生や仲間が助けてくれたからだ、と分かっていた。自分はみんなの子どもであり、大勢の人の思いやりの中で、幸運にも大きくなった子どもなのだ。

Autrijusという名前は、タンが子どもの時にいちばん好きだった本『はてしない物語』（ドイツの作家、ミヒャエル・エンデが1979年に出版したファンタジー小説。映画「ネバーエンディング・ストーリー」の原作）から取ったものだ。この小説には、「ファンタージエン」という国が出てくる。世界の人々が利益ばかりを追求し、夢見ることを忘れてしまったために、ファンタージエンはだんだんと失われつつあり、崩壊の危機にさらされていた。そこで、女王はファンタージエンに住む少年Autrijusに、想像力を取り戻す鍵を見つけ出し、この国を救うように頼むのである。

その後のさまざまな経歴をみても、ファンタージエンの少年Autrijusとタンは、まるで瓜二つ。2人はともに手を取り合って、現実世界を変える刺激に満ちた旅に出るのである。

Episode 3　独学少年

――誰もがみんなと同じではない。
みんなと同じは幻想である

by　唐鳳

中学生で大学の講義に出席

１９９2年にドイツから台湾に戻ってきたタンは、あっという間に成長していた。普通の小学校生活に復帰し、週に３日（当時は週5日半の通学が普通だった）通う他は、すべて独学で学んだ。そうして穏やかに過ごす中で、小学校を終えた。

母と子は、通えそうな中学校を1校ずつ訪ねた。最終的に、家からいちばん近く、新たな教育方法を取り入れている台北市立北政中学校に入学することにした。１９９３年に中学に進学すると、人生のあらゆる面について模索し始める。

そのころ、台湾政府はすべての子どもの教育を受ける権利を守るため、小学校と中学校の課程を義務教育と定めた。そして、すべての生徒に毎学期一定日数以上、学校へ行くことを求めた。しかし、北政中の杜恵平《ドウ・フエイピン》校長は、タンの勉強の進み具合を見ると、本人と話し合った上で、定期的に試験を受けて成績が記録できれば、毎日学校に来なくても良いと特別に許可を与えた。

杜恵平校長は当時を振り返り、タンは彼女のキャリアで一度も見たことがない奇才だった、と語る。その頃、中学校の教育方針を決める教務主任は、特定の生徒のために教育部（文科省）のルールを変えることはできない、と反対した。

しかし、杜校長は、タンの勉強がどれほど進んでいるか、よく知っていた。彼女は学校の先生たちにはタンの柔軟な学校生活について、

「彼はサボっているのではない、特に休みを取る必要があるわけでもない。これは『学校外の勉強』よ！」

と説明した。

タンはふたたび、教育部の規定に背くことになろうとも、新たな道を開拓してくれる先生に出会えたのだった。

登校しない日は、家のすぐ近くにある国立政治大学に姿を現した。政治大は李雅卿と唐光華の母校でもあった。どの先生の講義が面白いかは、両親が教えてくれた。タンは先生の同意をもらって講義に出た。そこで聴講した高名な先生たちの政治学や法学、哲学の講義は今でも彼に影響を与えている。

その一方、驚くべきスピードと貪欲さで本を読み漁った。中国の古典である六経（詩経、書経、易経、礼記、楽経、春秋）を読破、インドの宗教家・和尚ラジニーシを敬愛し、ルートヴィヒ・ヴィトゲンシュタインの信徒を自称し、金庸の武侠小説を読み、また『紅楼夢』にも夢中になり、繰り返し読んだ。

インターネットも、タンに膨大な量の蔵書を提供してくれた。著作権の切れた世界の名作などを電子化して公開する、「プロジェクト・グーテンベルク」のおかげで、アダム・スミスの『国富論』や、チャールズ・ダーウィンの自然選択説についての書物を読むことができた。

このころになると、それまで夢中だった数学よりも、コンピュータのプログラミングに時間を割くようになっていた。

家族に一足遅れて帰国した父と一緒に、夜更かしをしては話に興じたり、芸術や文化に携わる父の友人たちに会いに行くこともあった。この変わった独学少年は、やがて好奇の的となった。あるとき、父の働く中国時報に父子の対談が掲載されたことがあった。そこでタンはこう言っている。

「あそこらへんの数学の問題はとっくに解けるようになったから、これ以上やっても解法が増えるだけ。いまは自分でプログラムを書いて理論を発見するのが楽しい」

ちょうどインターネットが飛躍的に成長する時代を迎えていた。アメリカで生まれ、科学や教育に使われていたインターネットは、１９９０年代に入ると爆発的に広がり、さまざまな業界で使われるようになった。ＢＢＳと呼ばれる電子掲示板が、雨後の筍のように台湾のあちこちで開設され、インターネット第１世代が育っていった。

インターネット界の早熟な天才たち

台湾インターネット界の早熟な天才たちと出会ったのは、この頃のことだった。インターネットがもたらしたこの縁は、タンの人生の風向きをまるっきり変えてしまった。

小学6年生になった頃、以前数学を教えてくれた朱建正教授が、国立台湾大学には優秀な高校生のために開設されたディベート講座があるから、聴講に行ったら良い、と勧めてくれた。そこで、タンは台湾随一の男子高、台北市立建国高級中学（建中：高級中等学校は日本の高等学校に相当）の友人たちと知り合った。そして、同校のパソコン部のキーパーソン、劉燈《リウ・ドン》が立ち上げた電子掲示板 Delta Center BBS の存在を知る。ほどなく、タンは Autrijus のハンドルネームで、中学生ながら建中パソコン部の学外メンバーとなった。こうした天才たちとの交流を通じてハッカー文化と出会ったことが、彼のその後の人生を変えたのだった。

建中は1898年、日本統治時代に創立され、今でも台湾で最も評判の高い公立の名門男子高だ。かつて台北一中として甲子園に春夏合計7回出場し、ラグビーも花園大会で2回優勝したことがある。ノーベル賞受賞者から総統、大学の学長、名医、実業家、政治家、作家、映画監督まで輩出していた。自由な校風で、学内のいたるところに天才や変人が跋扈する。

建中パソコン部の才気溢れるメンバーたちは、タンの手本となった。3代目部長の劉燈は、小学生の頃に有名なソフトウェアをプログラミングし、14歳になると、台湾で最もメジャーなパソコン雑誌『第三波』にコラムを書いていた。もう1人の優秀な学生、単《シャン・》中杰《ジョンジエ》は、中学生で数学は大学レベル、英語は通訳ができるほどだった。

単中杰は建中に入ると、同じパソコン部のメンバーである戴凱序《タイ・カイシュウ》と共著で小説『微軟陰謀』（マイクロソフトの陰謀　1995年出版）を執筆した。同書はハッカーの間で名作とされている『銀河ヒッチハイク・ガイド』（The Hitchhiker's Guide to the Galaxy）にインスパイアされたもので、マイクロソフトの、何にでもかんにでも手を出して、いつも欠陥のある商品を世に送り出す戦略を風刺している。また当時の政治状況を皮肉ったりもしていた。ここには、技術至上主義で金儲けは二の次、保守的な考えには批判的という、彼ら自身のものの見方がよく現れている。

台湾のブロガーで著述家のDebbyは自身のブログで、こういった早熟の天才たちを生き生きと活写している。

「こういった人たちは理系だったけれど、言語にも造詣が深い。言語の発明もハッカーたちのヒマつぶしの趣味であり、よく自分たちの作った言葉で遊び、交流していた。……この建中パソコン部の学生たちは、自ら『黒話字典（ハッカー辞典）』中国語版を編纂し、仲間うちで使う特殊な用語がそれぞれどんな意味を持つのかを紹介した」

タンにとってこれが初めて、自分を刺激してくれる才能に囲まれる経験となった。建中の友達はみな博覧強記で興味の対象も幅広く、聡明な知性と、決して飼い馴らされない野性がみなぎっていて、少年のタンは強く惹きつけられたのだった。

ハッカー精神とは何か

タンはこのちょっとだけ年上の友人たちから、「ハッカー精神」とは何か、を教わった。ハッカーはプログラミングの達人であると同時に、プログラムのバグ（bug）を見つけるマニアでもあり、人を呆れさせるほど知識欲に溢れ、わからないことはわかるまで徹底的にいじり倒す。この時から、タンの身体にハッカーのＤＮＡが植え付けられた、と言っていいだろう。そしてそれは、今でも生きている。

年上の友人たちのうち、劉燈は特に精力的だった。自ら出版物を手掛ける上に、しょっちゅう人を集めてサロンを開催した。パソコンからインターネット、芸術まで話題は多岐に渡った。彼は、幅広い分野をカバーした自分の読書リストをタンに渡し、新しい分野の知識を開拓するよう勧めた。

英才たちと触れ合ううち、タンは知的な刺激を受けると同時に、初めて心の友を得た。彼は中学での勉強も続けていた。毎日通学するわけではないが、中1、中2ではずっと学校の試験を受け、よい成績を残していた。中学に入学した頃、タンは全国科学展で上位三位までに入れば、建中に推薦入学できるチャンスがあることを聞きつけていた。

中学1年生のとき、新たなデータ圧縮法を研究して科学展に出品したところ、全国で3位に輝いた。2年生では人工知能（ＡＩ）のプログラムを書き、これに「電脳哲学家」と名付けた。このＡＩはコンセプトが新しい上に完成度も高く、審査員からはこぞって高い評価を受け、順位は全国1位に上がった。

2年生の1学期には、全国中学数学コンテストにも出場。準備期間は2週間しかなかったが、余裕で銅メダルを獲得した。

3度の好成績で、名門高校に推薦入学できる可能性は高まった。建中に入る資格は、ほぼ手に入ったように見えた。誰もがタンは建中の門を叩くかと思ったその頃、タン本人だけが迷っていた。

エリートのために敷かれた輝かしい未来につながる道。これは本当に、自分が手に入れたいものだろうか？

タンは小学生の頃から、宗教やスピリチュアルな本にも興味を示し、小学6年生で『易経』を読破していた。『易経』は中国の伝統的な占いで、小銭の表裏で今日の運勢を占うものだ。いっときは毎日小銭を持ち歩いて、同級生のために占ったりした。しかし、のちになって「『易経』の精神はとてもクリアなのに、卦辞（かじ、占いの言葉）には根拠がなく、論理的な意味がない」と考え、だんだん興味を失っていった。

こういった試行錯誤の年月を経て、人生についてあらためて考えたとき、タンは自分という人間が3つの「自分」からできていることに気付いた。

1つは、日々食べて暮らす「日常の自分」。1つは詩を書く「魂の自分」（ペンネーム・天風）、もう1つは、インターネット世界のAutrijus（ネットの自分）。

この3つの「自分」はそれぞれ異なる性格なのに、同じ1つの体に宿っている、タンはこのことに戸惑いを覚えていた。ゆっくり考えを巡らせるため、1人きりになれる場所が欲しくなった。

内なる呼び声に目覚める

母は、彼がしばらく安全な場所で1人静かに過ごすことに賛成した。烏来の山の中にある小さな木造の小屋を見つけ、自分で3食を準備できるよう食材を持たせてくれた。そうして、少年タンは荷物を背負って家を出たのだった。

山に入った彼は、1人で電気のない小屋に暮らした。昼間は山や木々を眺め、夜は月の光を見つめながら、静かな空間で川のせせらぎや虫の声、遠くの犬の鳴き声を聴いた。大自然と1つになり、自分を宇宙の中に浮かべ、また宇宙も彼の心の中にあった。自分は一体何者かと考えを巡らせた。

小さな頃から今までに起きた、世界とのぶつかり合いは何が原因だったのだろう？

この世界の中で、どうすれば苦しみを和らげ、もっと幸せに生きていくことができるのだろう？

身体の奥深く、何か女性の呼び声にゆっくり呼び覚まされるような感じがした。自分の人生にあった、あれやこれやを思い起こす。突然、はっとした。

もし、社会が自分を女性として認めるなら、今までにあった辛いことは、もしかしたら自分の身に起きなかったのかも知れない、と。よく知っているようでもあり、知らないようでもある、今まで抑えてきた感情に、今はきっぱりと向き合うことができる。

小屋で過ごした時間を経て、やっと得心した。心が求めるものにしっかり向き合い、二度と逃げないと。

一方、周りの世界は、いつも自分のＩＱを測定し、「天才」の肩書きを与えようとする。けれども、もうこれ以上他人の物差しで自分を定義するのはいやだった。世間が押し付けようとする「栄誉」というものに惑わされるのはもうごめんだ。首席、第1志望、学歴、名門大学、そういった言葉が浮かんでは消えていった。

インターネットというパラレルワールドで、タンはAutrijusのハンドルネームで自分の居場所を見つけた。競争かまびすしい現実の世界には、もう未練はない。

小屋に行くとき、例の建中パソコン部単中杰と戴凱序が書いたハッカー小説、『微軟陰謀』をバックパックに放り込んだ。3週間自分と向き合う時間の中で、タンはこの難解な本を20回以上読んだ。彼のパソコンのキャリアからして、細部までは理解できないところもあったが、取り憑かれたように文章を丸ごと暗記し、小説の世界に没頭した。これを書いた一人である単中杰は、巻末に22冊の英語の書物リストを付けており、タンはこれを1冊ずつ読破し、英語力が飛躍的に伸びたが、それはまた後日のことである。

小屋を飛び出し、世界に向かって歩きはじめたこの瞬間、周りからの期待に背を向けた一方で、バラバラだった3つの自分が1つになったことが分かった。のちに同級生に宛てた便りにこう記した。

「かつての歌、失っていた姿、かつての心をたくさん取り戻した」

「高校には進学しない」

家に帰ると、両親に向かって、自分にとって学歴はどうでもよく、高校には進学せずに自分の生きたい道を歩む、と伝えた。

しかし、この決心は、家族を再び不安に陥れた。

それでも母はタンが建中の入学資格を放棄することを支持したが、父の方はちょっと保守派だった。自分の子がせっかくこれほど理科が得意なのに、科学者になるチャンスを失うのは惜しいと考えた。両親の心中には、さまざまな疑念が浮かび上がった。

家族は再び一緒に足を運んで、北政中の杜校長の家でその話をすることにした。その方が落ち着いて話せるだろうと考えたのだ。校長の前で、父は理系の道を進むよう勧めたが、タンはこう言った。

「科学者は世界中に何十万人といて、自分がその道を進んでも、数十万人分の1人にしかならない。でもＩＴの道に進めば、自分はパイオニアになれる」

そして校長と父に向かって、

「教科書の知識は、インターネットより10年遅れている。建中には自分の学びたいことはない」

と言った。

いったい、いつ、どうやって、タンはこんな思いを抱くようになったのだろう?

もしかすると彼は、カリフォルニア大学バークレー校の計算機科学の先生、ブライアン・ハーヴェイ（Brian Harvey）という名ハッカーの考えに触れたのかもしれない。

マサチューセッツ工科大学（ＭＩＴ）で学んだハーヴェイによると、周りの学生は2つに分類できたという。一方は優等生（tool）で成績はオールA。もう一方はいわゆるハッカー（hacker）である。彼らハッカーはしょっちゅうサボったり、講義で居眠りしたりするが、夜は活力にあふれ、電話や通信技術、鉄道、コンピュータなどについて、片っ端から研究する。

社会のルールに従って良い子としてふるまい、上を目指して人生の勝ち組になるか？　それとも、社会の穴を突き止めるハッカーとなり、その穴を埋める何かを創造するのか？

これこそ当時、彼の心に浮かんだ選択肢だった。

結局、タンと家族との論争は、今回もこれまでと同じように決着した。家族はふたたびタンに説得された。人生を彼自身の手にゆだね、自分で将来に対する責任を取っていくことを認めたのだった。

アメリカの詩人、ロバート・フロスト（Robert Frost）が書いた有名な詩『選ばれざる道』（The Road Not Taken）にこんな一節がある。

「Two roads diverged in a wood, and I —／I took the one less traveled by,／And that has made all the difference.（森の中で道が二手に分かれており、私は——／私は、踏みならされていない道を選んだ。／そしてそれが、決定的な違いを生んだ。）」

天才が抱える闇

14歳の時、タンは森の小屋から歩み出て、踏みならされていない道を選んだ。型破りで、チャレンジ精神に溢れ、先が見えないけれど驚きに満ちた人生の道を。

それからの数年間を、タンは独学したり、出版物を手掛けたり、コミュニティを立ち上げたりして過ごした。

タンの2つ年下の作家、胡又天は、子どものころタンにまつわる記事を読み、この伝説の人物に興味をそそられた。

14歳になった胡又天は、両親と一緒にタンの家を訪ねた。それ以来ずっと、タンの足跡を追いかけている。胡又天はタン少年の後に続いてさまざまな遊びを覚えた。彼の家に初めて行ったその日、『マジック：ザ・ギャザリング』（Magic：the Gathering）というカードゲームに出会い、面白いと思った。

のちに、タンがこのゲームに夢中で、17歳のときには台湾における『マジック：ザ・ギャザリング』の最高ポイントを記録し、台湾代表に選ばれてワールドカップにまで出場したことを知った。数年後、タンは『マジック：ザ・ギャザリング』のEスポーツプラットフォームの開設にもかかわっている。タン自身もラウンド制のEスポーツプラットフォームで楽しむのだそうだ。FreeCivやNAO、WesnothからXCOM 2まで、オンラインゲームはかねてからのタンの趣味でもある。

長い間タンをウォッチしている胡又天にとって、彼のいちばん得難い特質は「弱い人の気持ちに寄り添う」ことだという。もしかすると、いじめられた子どものときの経験から、弱い者のために尽くすことが自分の務めだと考えているのかも知れない。

台湾の時事週刊誌『新新聞』が、14歳のタンにインタビューした記事がある。記者の、

「自分の天才的な才能をどう思うか」

との問いに、タンはこう答えた。

「天才とみなされない多くの人々には、自分にしかない輝きがある。天才とみられる多くの人には、自分にしかない闇がある。どちらも素晴らしく、美しい。存在すべきはＩＱよりもこの美である」

天才には確かに暗黒面があった。数年後、タンはある英語の本『Gifted Grownups』（大人になった天才たち）を読んだ。そこには、元天才児たちが大きくなった後、どのように学問や、仕事、人生の挑戦などと向き合っているかが描かれていた。

ある章には、「監獄の中のおよそ2割の人が、もとは大変優れた能力を持つ人間だった」と書かれていた。仮釈放を担当していたある刑務官は、こう語っている。

「犯罪者になってしまった元天才児たちは、それまでの人生をずっと、周囲との軋轢を抱えながら過ごしてきたのかもしれない」

家族から理解されず、学校生活に挫折し、人生で間違った選択を重ねてしまうことにより、優秀な子どもたちが社会に失望し、不登校になったり、犯罪に巻き込まれたり、追い詰められて自殺したりする様子が書かれていた。

タンにとってこの本を読むことは、自分自身の天才としての人生を俯瞰することだった。タンはこの本を、実現してはならない予言として読んだ。タンは後に、他の人と共同でこの本を中国語に翻訳し、決してこのような悲劇に陥らないようにと、自らを戒めた。

自由な学校への思い

タンが教育に対して特別な思いを抱いた背景には、このようなこともあった。ドイツから台湾に帰ってから母の李雅卿が抱いた、「自分も教育に携わりたい」との考えを、タンは全力でサポートしたのだ。

母が寄り添ってくれたこれまでの日々を振り返り、母は「美しい水先案内人」だと考えている。つねに先を歩いて万難を排し、自分の道を歩ませてくれた。今度はタンが母の夢をサポートする番だ。

それまで何年も、李雅卿は「学校は子どもたちをどう教えるべきか」、「子どもたちはどうすれば学べるか」ということを考えてきた。参考にしたのは、「世界一自由な学校」と呼ばれるイギリスのサマーヒル・スクールや、思想家・哲学家、ルドルフ・シュタイナーが作ったドイツのシュタイナー学校、日本の愛知県にある緒川小学校などだ。どの学校も、子どもの自律、自主学習を重視している。そして、時間をかけて自分の理想とする小学校を構想し、台湾における実験教育のパイオニアとなった。

１９９４年、李雅卿は数人の保護者たちと一緒に小学校の教室を借りて「種籽（種をまくの意）学苑」を開いた。この実験学校の必修科目は、国語と算数だけ。しかし、選択できる科目は22種類にも及ぶ。英語から理科・化学、美術、木工、配管修理、農業・園芸まで、学びはより幅広く、より深く、より多様である。

学校の先生の役割は、導き、傾聴させ、子どもに勉強させるのではなく、子どもの学びに寄り添うことだ。子どもは誰でも自分の担任を選ぶことができ、先生1人に対して生徒はたったの7人。学校のルールは、権威を持つ側が一方的に決めるのではなく、教師と生徒の話し合いで生まれる。子ども同士が対立したときは、自分たちで話し合って解決できるよう先生がサポートする。学校の中に「校内法廷」があり、裁判官は子どもの信任投票で選ばれ、裁判の進行も子どもたちが自ら行う。

1年目の試行錯誤を経て、種籽学苑は「自主教育実験計画」として、新北市烏来の山間部にある信賢小学校に場所を得て、本格的に開校されることになった。山と森に囲まれたこの小学校には、さまざまな子どもたちがやって来た。学校で心を傷つけられた子どもたちはここで傷を癒した。この学校に通わせると、我が強くなるのではと心配し、結局子どもを連れ戻す親もいた。一方で、ここが大好きになり、大人になってここに教えに戻りたい、と目標を立てる子どももいる。

この学校が確立した斬新な教育は、その後、台湾における約20年の実験教育のモデルとなった。李雅卿はこの理念と教育モデルを中学校と高校にまで広げて、履修、選択と自主学習などを各2年ずつ行う3つの学習コースで6年間を設定し、台北市の自主中高一貫学習として実験教育の種をさらに広く播いていった。

この間、タンはこの学校の顧問とサポーターの役割を担った。台北市議会の公聴会に出席し、自らの経験を語り、ホームスクールでの独学を認める台湾最初の「実験教育」条例の誕生に寄与した。つまり、ドイツで描いた「台湾に戻って教育改革をしたい」という夢を叶えたのである。

李雅卿は、実験教育の実現に没頭しただけではなかった。1980年代から盛んになった消費者運動や環境保護運動にも参加した。そして、自主学習実験学校や教育改革連盟、主婦連盟基金会や児童哲学基金会などといったさまざまな組織の、第一線に立った。

もし、父の自由民主への関心がタンに影響を与えたとすれば、環境保護と教育改革に捧げた母の長年の現場主義は、タンの心の中に社会運動とソーシャルイノベーションの種を播いた。

李雅卿だけでなく、かつてタンを助けてくれた先生である楊文貴も、のちに台湾の実験教育の実践者となった。こうした先見の明を持つ先生たちは、これまでとは違う形でスパルタ教育から子どもたちを救い出し、その子にあった学びができるよう手を差し伸べた。

そして20年の地ならしを経て、台湾では今や、実験教育に関する法律が整備され、子どもが毎日学校へ通わなくても、ニーズに合わせて自分だけの学習計画を決められるようになったのである。

こうやって見てみると、もしかすると次に現れる天才は、タンのような苦しみを味わわなくても、自由に学べる空間を手に入れられるかも知れない。これは一朝一夕には得られない貴重な改革の成果である。

しかし、これはまだ後の話だ。14歳のタンにとっては、学校教育からは抜け出せても、人生における試練はまだ終わったわけではなかった。学校を去ったタンは、ここからどこに向かおうとしていたのだろうか？

Episode 4　メンターそして仲間たち

――模範解答なんて信じない。
問題解決の方法は1つじゃない

唐鳳と宮川達彦がPerlコミュニティの信念を語った言葉

「みんなの子」から「コミュニティの炎」へ

小さいときのオードリー・タンが「みんなの子」だったとすれば、その後のタンは、「コミュニティの炎」に違いない。プログラム開発者たちのオンラインコミュニティにプラスの火を点火する存在だ。彼はいくつかの異なるプロフェッショナルなコミュニティの中で成長し、磨かれ、強くなった。

コミュニティが彼の視野を広げ、技術とコミュニケーション力を磨き、豊かな世界観を与えた。彼はそこで、創業のエネルギーを養った。オンラインコミュニティこそが彼の人生の学校であり、創業の原点であると言える。

1993年、12歳のタンは、資訊人出版社の株主になっていた建中パソコン部の劉燈の誘いを受け、自分がコンピュータについて学んだ過程を書き表した。その文章は『我的電脳探索』（私のコンピュータ探索）という本に収められた。この本は劉燈も含む10人の共著で、著者はみな、当時の台湾で最も早くからコンピュータを使い、プログラムを書いていた若者たちだった。それもあって、タンを含めた10人の若者は、社会の注目を集めた。

14歳で中学校を中退すると、資訊人出版社は、タンに会社のサイトのメンテナンスを手伝ってくれるようにと頼んだ。ちょうどこの頃、彼は自分の実力を高めるため、当時人気のあったプログラミング言語 Perl の研究を始めていた。世界規模の Perl コミュニティに参加し、Perl の中国語コミュニティ立ち上げに協力した。また、専用のアーカイブ（CP

AN、Comprehensive Perl Archive Network）に、自分の作品であるソフトウェアなどを発表し続けた。

タンにとって、この世界的なコミュニティへの参加は、時空を超えた華麗な冒険であった。彼は今までに会ったこともなかったギークなメンターや、情熱にあふれる仲間と知り合った。その後の10年間、彼は次第に上達する英語を使って、昼夜分かたず、ネット空間で、世界各地の街角で、そうした伝説的な人物一人ひとりと会い、交流し、学び、最終的には彼自身も1つの伝説となった。

タンのコミュニティ文化に対する理解と実践が深まったのは、何人かのメンターのおかげである。Perlの父と呼ばれるプログラマー、ラリー・ウォールは言語学者でもあり、いつもプログラミングの専門用語を分かりやすく別の言葉に言い換えてみせた。たとえば、プログラムの「変数」「関数」「アクセサー」を、「名詞」「動詞」「主題」と言い換える。奥深いが平明な言葉でプログラミングの問題に答えるのは、彼の得意とするところである。

ウォールは聡明なばかりか、ユーモアも持っている。彼はかつてこう語った。

「プログラマーの三大美徳は、怠惰、短気、傲慢である。怠惰だからこそ、簡潔で便利に使えるプログラムが書ける。短気だからこそ、コンピュータのハードウェアがノロいとき、サクサク動くプログラムを書いて処理をすばやく終わらせようとする。傲慢だからこそ、文句のつけようもないプログラムを書こうと努力する」

タンにとって、コミュニティでのウォールの言行は、知性と包容力を合わせ持つ手本に見えた。コミュニティでもめ事が起こるたびに、ウォールはこう言う。

「問題解決の方法は1つじゃない」(There is more than one way to do it.)

とうとうこの言葉は、Perl コミュニティのみんなの口癖になった。コミュニティで議論が白熱する時には、いつもこの言葉が登場した。

タンを導いたもう1人の先達は、コンピュータ科学分野のパイオニア、デービッド・ダナ・クラーク(David D. Clark)だ。現在はマサチューセッツ工科大学コンピュータ科学・人工知能研究所の上級研究員である。彼はかつて、ある名言によって、インターネットソフトウェアエンジニアの精神的指導者となった。

その名言とは、

「いかなる議論の場でも、我々は王も大統領も投票も認めない。我々が信じるのは、ざっくりした合意(rough consensus)と、動いているコードだけだ」

というものだ。これは、コミュニティにあっては権威を拒絶し、投票で軽々しく結論を出さず、専門性をもって問題を解決するべきだ、という意味である。

この言葉から、タンはこの分野のプロフェッショナルならではの尊厳と、コミュニケーションの知恵とを感じ取った。なぜ、プロのコミュニティでは、「ざっくりした合意」が投票より優れているのだろうか。タンは言う。

「ざっくりした合意とは、『満足ではないにせよ、みんなが受け入れられる』ことを表しています。そういうコミュニケーションには、完敗の人も完勝の人もいません。でも投票すると、少数の方が負けることになります」
だから、コミュニティで常に対話することの目的は、討論して各人が受け入れ可能な結果を出すことにあるのだ、と。

10代で実業界へと足を踏み出す

国際的なコミュニティの洗礼を受ける一方で、タンはゆっくりと自身のソフトウェアエンジニアとしてのキャリアを歩み始め、実業界へと入っていった。ただ、Perlコミュニティでのタンが水を得た魚であったのと比べて、彼が中学を離れて社会に出るまでの数年間のリアルな職場経験は、天分に恵まれていたにせよ、思うようには行かなかった。

1996年、タンは自身の書いたソフトウェアや文学作品が増えてきたことから、検索プログラムを書いて検索しやすくした。資訊人出版社の株主の1人である賀元《ホー・ユエン》はこのプログラムに大きなビジネスチャンスを感じ、機能を拡充して一般に販売した。その後、『搜尋快手』(Fusion Search)と名付けられたこのソフトウェアには、中国語・英語バージョンが作られ、市販後は1万点以上を売り上げた。タンはその後、求められてこの会社の技術ディレクターとなり、また株主となって、ソフトウェア製品の開発を担当した。その時、彼は16歳になっていた。

その頃には、彼は資訊人の技術ディレクター、株主、そして共同経営者にもなっていたが、しょせんはたった16歳の若者だ。実業界についての考えはシンプルで、どちらかと言えば技術力を重視し、製品の仕様に対する興味の方が強かった。

彼とは対照的に、他の2人の共同経営者、賀元と薛暁嵐《シュエ・シアオラン》は、ビジネススクールの大学院で学んでいた。(劉燈はすでにこの会社の第一線を離れていた)。この2人は世故に長け、華やかな言葉を巧みにあやつって実業界を渡り歩き、メディアや投資家とコミュニケーションをとっていた。タンは3人の中では一番若かったが、ビジネスについて意見を持たないわけではなかった。結局、会社の将来の方向性について、タンは他の2人と共通認識に達することができず、この会社を離れた。

表面上、タンは計算違いをしたように見える。この会社はその時、最も輝く高みへ登ろうとしていたのだから。タンが離れたその年、資訊人はインテル（Intel）から1億台湾ドル（3億6000万円）の投資を受け、続いてゴールドマン・サックスとシティバンクも出資者の列に加わった。1995年に設立されたばかりで、社員10人にも満たない小さな会社だったが、その後わずか数年のうちに200人を超える中規模企業へと膨れ上がり、台北だけでなく、北京にも支社を開設した。

資訊人の製品ラインも、7カ国語のサーチエンジンソフト、インスタントメッセージソフトからオークションサイトまで急速に拡充された。会社が公表したデータによれば、1999年の収益は300万米ドル（3億円）に到達し、この年、損益分岐点に達して前途は明るいものと見えた。

しかし、後になってみると、これがこの話題を集めた会社の頂点であった。メディアの分析によると、その後ネットワーク経済は次第にバブルとなり、資訊人の製品ラインはそれぞれターゲット市場が別であるためにシナジー（相乗効果）が生まれず、営業収益も不安定になって、増資予定だった資金も未調達となってしまった。その後、この会社について悪いニュースが次々に伝わり、社員は退職し、共同創業者も辞めて、結局２００１年４月に営業を停止した。

一方、１９９７年に資訊人を離れたタンは、当時エイサー（Acer）グループに属していた明碁電脳（後のBenQ）に入社した。当時明碁電脳の社長だった李焜耀《リー・クンヤオ》は、この若者を非常に重んじた。後にタンは、アメリカのシリコンバレーへ新たなビジネスチャンスの考察のために派遣され、そこで１つのビジネスモデルを発見することとなった。

子どもの頃『微軟陰謀』（資訊人出版社の小説）を読んで以来、タンは、ソフトウェアは公共の資産であり、人々に自由に書かせて無料で使わせるようにして、社会の進歩のためのインフラの１つとすべきだと考えていた。そうした信念から、ソフトウェアの世界にあって、彼は自然に非商業的なフリーソフトウェアの側に立つようになっていた。

だが、シリコンバレーで彼はあることを理解した。フリーソフトウェアを支持するからと言って反商業主義である必要はない。ソフトウェアエンジニアにとって、企業のためのコストダウンに着目するのも、１つのビジネスモデルなのである。

タンは例を挙げている。

「フリーソフトウェアの価値の一部は、会社のためにお金をどれだけ節約できるか、というところにあります。たとえば今のGoogleで言えば、社内のたくさんのコンピュータソフトウェアすべてにそれぞれライセンス料を支払うとしたら、今のGoogleは出現しなかったでしょう。ライセンス料を支払うだけでも驚くほどの額で、新製品を開発する余裕はなくなってしまいますから」

フリーソフトウェア運動はその後、オープンソース運動へと発展した。複雑で多元化したソフトウェアの世界に対して、大企業はみなオープンソースソフトウェア（ＯＳＳ）コンサルタントを雇用して、ともに業務に当たっている。

「シリコンバレーには、たくさんのＯＳＳコンサルタントがいます。高い給料ですが、彼らのおかげで企業はソフトウェアの自社開発やメンテナンスにかかるコストを節約できます。高額な費用を節約することで、企業はもっとたくさん人を雇うことができます」

とタンは言う。

そうした発見を台湾に持ち帰り、２０００年7月、19歳のタンは社長の李焜耀のサポートを得て、明碁電脳も出資した新会社傲爾網《アオルーワン》の社長となった。この会社は、19歳から27歳の5人の若者からなるこぢんまりとしたチームだった。主な収入はコンサルティングと教育訓練で、ＯＳＳリソースを利用する顧客にサービスを提供していた。当時の台湾では、これは新しいサービスだった。

芸術家独立協会の仲間たち

これより前、資訊人で働いていたとき、タンは芸術家独立協会（以下「芸立協」）を設立した。プログラムを書くことは芸術活動と同じだ、と感じてこのような名前にしたのだ。芸立協は、オープンソースとPerlを広めるためのオンラインコミュニティであり、毎週1回のリアルな集会もあった。

芸立協のメンバーには、高嘉良《ガオ・ジアリアン》と簡信昌《ジエン・シンチャン》もいた。やがて、この2人は前後して、傲爾網でタンの同僚になった。芸立協はその後、フォトグラファー、音楽創作者といった他のインディペンデント・ワーカーの参加も歓迎するようになった。

協会とは言っても、登記して法人となったわけではなく、雰囲気も学生のサークルに似ていた。当時の芸立協は、毎週日曜日の午後、台北市の歴史ある茶館、紫藤廬で集会を開いていた。集会の雰囲気について、簡信昌はこう語っている。あるとき、芸立協の集会に参加するために紫藤廬を訪れた友人に、茶館の主人が一隅を指し示して言った。

「あそこだよ。みんなそれぞれノートパソコンを見ていて、話をしない人たちがそうだよ」

彼らはオンラインの世界では熱心に話し合ったが、顔を合わせるとあまり会話せず、一緒にいても、しばしばチャットでのコミュニケーションへと戻っていった。だが、誰かが思うままに議題を投げかけることがあれば、集まったみんなで熱心に議論を始めた。しか

し話がとりとめもなくなったとき、しばしば凡人の考えも及ばない抽象世界へ入っていくことがあった。簡信昌によれば、

「そういうとき、会話が続くのは2人だけ、オードリー・タンと高嘉良だよ」

台中第一高級中等学校（日本の高校に相当）を卒業した高嘉良は、タンと同い年だ。高校時代、クラスメイトに「授業中はいつも居眠りしていて、授業に興味がない」ようだが、「コンピュータに対しては熱狂的」と形容された人物である。高校卒業後、高嘉良は台湾大学資訊工程系（情報工学部）に推薦で入学した。そして台湾のPerlコミュニティでタンと知り合い、友人となり、さらにはルームメイトになった。

高嘉良とタンの友情は、20年以上経った今でも続いている。高はタンについて、「とにかく考える速度が速い。私たちはいつも未来のテクノロジーについて話している」と語る。高もまた、プログラミングに取りつかれた人間だ。ルームメイトとしてタンと一緒に住んでいた日々、高は風呂場にもパソコンを持ち込んでいた。当時、高はパラグライダーをしている時に事故に遭い、頭も首も固定されてベッドで療養する羽目になったことがあった。

そんな不便な生活の最中にも、彼はプログラミングを諦めなかった。ベッドに朝食テーブルのようなものを設置し、その上にパソコンを置いてプログラミングを続けていた。タンはこの姿を見ると、「史上最高に力がいらないプラットフォーム」と冗談を言った。

しばらくの間、この2人はPerlの普及に熱中した。こんなにも優美な、芸術品さなが

らのプログラミング言語はみんなが学ぶべきだ、と考えていたのである。そのため、当時2人は宣教師のような情熱で普及活動を行い、彼らが愛するデスメタルのシンガー、髪を長く伸ばしてギターを弾き、ステージ上で上半身裸の汗まみれで頭を振って叫ぶフレディ・リム（林昶佐）にさえ、Perlを学ぶよう迫った。

フレディは台湾のバンド、ソニック（ChthoniC、閃霊）のメインボーカルである。25年前、まだ大学生のときに、フレディはソニックを作った。当時、2人はこの反骨のインディーズバンドのファンで、しばしばライブに行って親しくなり、ウェブサイトについてアドバイスしたりしていた。その後、話しているうちに興に乗って、タンと高嘉良はフレディを芸立協の集会に誘ったのである。

芸立協時代のタンはどのような人物だったかと問われ、フレディは笑ってこう答えた。

「ヤツらは普通じゃなかったよ！」

普通じゃないとはどういうことだろう。例えば、当時は映画『マトリックス』が人気の頃で、タンは映画をまねてうなじの真ん中に、映画と同じタトゥーを入れた。タンの『マトリックス』好きは今も変わらない。映画の主人公はNokiaの携帯電話を持っていたが、タンの家にもその復刻版がある。

そのころフレディは、タンや高嘉良と、テクノロジーの未来や、未来の行政サービスはどんなイノベーティブな方法を採用するのか、それをテクノロジーでどのように支えられるのか、といったことを、好き放題にしゃべったことを覚えている。

「オードリー・タンは芸立協のなかでも一番変わっていた。あのころ彼女はいつも科学や占い、オカルト方面の突飛な考えを抱いて、未来についてもいろいろな想像をしていた」とフレディは語った。

芸立協のプログラマーたちはいつも顔を合わせるわけではなかったが、オンラインコミュニティは活気にあふれていた。彼らは、時にはプログラムについての真面目な議題を討論し、時には音楽、芸術、人生を語り、時には研究会を開催した。そのころの数年間、彼らは一緒にオープンソースの世界を探索し、開発ツール、リソース、情報を共有した。明確な組織はなくとも、団結力のあるコミュニティだった。

プログラミング言語ハスケルとの出会い

タンが傲爾網の社長となってから、彼がたったの19歳であることに気付いたメディアがあり、そのバックグラウンドに興味を持った。彼はそれにこう答えている。

「8歳の時、他の子はゲームで遊んでいたけれど、私はプログラムを書き始め、今までずっと研鑽を続けてきました。私は、プログラムを書くことや、デバッグ（debug、プログラムの欠陥を見つけ出すこと）に達成感を感じるんです」

経営モデルについて問われたときには、こう答えている。

「傲爾網は5人しかいませんが、外部に仲間のプログラム開発者がいます。我々の主な収入はコンサルティングサービスと教育訓練です。企業がコアプログラムとアプリケーションプログラムを開発するには、おそらく大きなコストがかかります。そのため、企業の製品とサービスをできるだけ早く世に出せるように、我々のようなチームが必要になるんです」

当時、台湾のソフトウェア産業が製造業から共同でのフリーソフトウェアサービスに転換するという考え方にシフトしていく中で、タンは傲爾網と芸立協は理想的な組み合わせとなる、と考えていた。

傲爾網にいたころ、タンは耀宏科技という顧客の会社で顧問を務め、難しい課題の解決に協力していた。

当時、多くの銀行や保険会社は、顧客の明細書を大量に印刷する必要から、大多数がIBMのInfoPrintシステム（後にRicohへ売却）を採用していた。このシステムは当時1500万台湾ドルもするもので、値段も驚きだが、その分機能も非常に多彩であった。1分に1000ページ印刷できるほか、紙詰まりの検出、自動用紙交換、補助機器の起動といった機能を備えていた。

2004年、タンは顧客からある保険会社のシステム開発の案件を引き受けた。それは、明細書のシステムに顧客の名前を読み込ませるというもので、中国語のフォント読み取りの問題を解決する必要があった。また、各明細書についてインデックスを作成して、どの支店や事務所が印刷したものか分かるようにしてほしいとも要求されたため、インデックスファイルも作成する必要があった。

タンは自分のよく知るPerlで両者をつなげたプログラムを書いたが、読み込みの際に問題が発生した——コンピュータとプリンターの反応速度が理解不能なほど遅くなり、正常な処理速度がまったく発揮されず、彼はがっくりきてしまった。

「エンジニアならみんな知っていますが、システムがクラッシュした時には、モニターに6種のプログラミング言語で警告表示が出るんです」

タンは振り返った。問題のカギを見つけるため、タンは2カ月で6種の新たなプログラミング言語を学ぶことを余儀なくされた。プログラムを書き直して、目の前の超難関の問題を解決しようとしたのだ。だが、5番目のプログラム言語でも成功しなかった。最後に学んだ6番目のハスケルがついに救いの神となり、問題をスムーズに解決することができた。これがタンとハスケルとの出会いのプロセスである。

だがこの時、悪いニュースがもたらされた。

台湾企業の無理解で、オープンソースフリーソフトウェアの良さがなかなか広まらなかったため、傲爾網の経営状況は予測を下回り、2005年2月に経営を終了してしまったのだ。

傲爾網は成功しなかったが、時間のできたタンはこの時、もっと興味深い分野を見つけて大いに好奇心を刺激されていた。それは、いかにしてプロフェッショナルなコミュニティによってソフトウェアを新しく開発するか、である。

それまでの数年間も、彼はPerlの普及に情熱を傾けており、後にはPerl専用のアーカイブ（CPAN）で最も多くのモジュールを発表するまでになっていた。だが、使うだけではソフトウェアを理解することはできないと考えるようになっていた。ソフトウェアの開発は、その核心に入らなければ、ただ人に勧めるだけの布教活動のようになってしまう。このテーマを突き詰めるために、タンは新しい個人的な計画を立ち上げた。それは、Perlの次なる突破口を切り開くことである。

タンが参加するPerlコミュニティは、2000年に重大なボトルネックにぶつかっていた。PerlはPerl 5まで来て停滞し、新世代のPerl 6はなかなかリリースできなかった。コミュニティの多くの人がいくつものPerl 6の実践プロジェクトを試したが、どれも放棄された。

2005年2月2日、Perlコミュニティのカール・メサクは、一部分だがPerl 6の開発を実現した人物に気がついた。使っているのはハスケルで、その人物がタンだった。

多国籍コミュニティをリードする

興味を持ったメサクがタンの開始したPerl 6チャンネルに入ってみると、「まるで、台風の目の近くにいるようだった。奇跡のように次々にいろんなことが起こった。タンが更新を完了したかと思えば、そばでまた誰かが何かクールなプロジェクトを始めるといった具合に、おもしろい考え方や工夫が昼でも夜でもチャンネルにあふれてきていた」

チャンネルでは、タンがどのようにしてその高い生産力を維持しているかにも関心が集まり、次のような会話が交わされた。

タン：また後で。シャワー浴びてくる。
Geoffb：ということは、タンが風呂場でもＩＲＣ（チャット）やってるっていうウワサはウソなのか……。シャワーカーテンの外にノートパソコン置いて、シャワー浴びながら見てるっていう。
タン：そうだよ。いつもそうしてる。水がかからないように、歯ブラシでキーボード押してる。

またある時には、タンが眠るのかどうかを議論する者もいた。

Castaway：タンって寝てるの？
nothingmuch：ときどき、寝るって宣言してるよ。
Castaway：信じない。
Mauke：コンピュータとの間に神経インターフェースがあって、夢の中でもプログラム書いてるのかも。
Castaway：ぜんぜん驚かない。:）
Juerd：うん。寝るよって言ったのに何時間もしないでまた現れて、山ほどプログラムを提出するんだ。だから信じてないよ。:）

Castaway：ククッ。どうも、寝るのは毎回長くて30分てとこじゃないかな。

すべてが英語のPerl 6チャンネルで、タンは支障なく英語でコミュニケーションしており、コミュニティのリーダーとしての役割をうまくこなしていた。彼の情熱とユーモアによって、すべての参加者が今でも忘れがたいほどに、このチャンネルには一貫して楽しい雰囲気があふれていた。

そのような活気あふれる多国籍のオンラインコミュニティはどのようにできたのだろうか。プログラマーのpeterは、ブログで4つのポイントを挙げている。1つ、すばやいレスポンス、2つ、すべての人への創作の奨励、3つ、みんながのんびりできる時間をつくること、4つ、広く声をかけ、興味を持った人には参加してもらうこと。

タンは確かにこれらすべてのポイントをクリアしていた。Perl 6チャンネルでは、プログラムのことだけでなく、トールキン（J. R. R. Tolkien、『指輪物語』の作者）の詩についての熱心な討論も行われた。またこのチャンネルは、たとえ相手がこのテーマについて浅い理解しか持っていなくても、興味を持ったすべての人の参加を歓迎した。

タンのこうした善意に満ちたスタイルは、自身の人格的な特質であるというほかに、Perlの開祖であるウォールの教えを受けたことにもよる。ウォールはコミュニティのみなに対し、一度ならず「トロール・ハギング」（troll hugging、技術が未熟な人や空気の読めない発言をする人を受け入れること）を促している。相手がコミュニティに参加したての時になどの程度のレベルかを気にするのではなく、入ってからどれだけ進歩できるかに目を向けよう、というのだ。

メサクもこう言及している。

「違うチャンネルの荒っぽいカルチャーと比べて、Perl 6チャンネルはネット上で一番温かな場所の1つと言える。我々は非常に多くの時間を費やして新規加入者の質問に答え、文法の間違いのチェックを手伝い、アクセスする人や開発チームのために、各種の専門用語や設計方針の整理を行った。我々は互いにコードやブログの文章をチェックしたりして、互いを尊重し、気を配るという意識を、チャンネルに充満させたんだ」

このクレージーな開発とプロモーションの日々を振り返って、タンは笑みをこらえきれずに言った。

「当時は招待状をあちこちに送りまくっていました。Perl 6と口にしさえすれば、そして不幸にもEメールアドレスを我々に知られたら、その人には自動で招待状が送りつけられ、いつでも一緒に開発してくれるのを歓迎しました。掲示板でそこの住人が、Perl 6ってなんでまだ出ないの？　と発言したのを見れば招待状を送り、手伝ってよ！　と言いました」

「誰かが研究会に参加したとき、近くに座ったあのパイソン（プログラミング言語の1つ）の作者グイド・ヴァンロッサムが何気なく、君たちのPerl 6は今どうなってるんだ？　と聞いてきて、結局グイドも招待状を受け取ることになりました」

コアチームの1人に子どもが生まれると、生後わずか4日で大人が電子メールの手続きをしてやり、続いて誰かがその赤ん坊に招待状を送るありさまとなり、「だから、このコミュニティは完全に無政府状態でした。でも誰もが楽しく、喜んで貢献していました」

タンは笑って言った。

2年間の世界ツアー

熱心にオンラインコミュニティに関わるだけでなく、タン自身もPerl 6のプロモーションのためにツアーを開始した。2005年2月から2006年11月までの2年近くの間に、彼は世界の20の都市を訪れた。

これは著名な数学者であるポール・エルデシュからインスピレーションを得たものだ、とタンは言う。

エルデシュは一定の場所に住むことがなく、旅行の方式はといえば、別の数学者のところへ行って、

「しばらく住まわせてくれ！　そうしたら論文を書くのを手伝ってやるから。何の論文でも構わない、手伝うよ」

と言い放つというものだった。相手が耐えられなくなるか、論文が出版されるか、それとも両方のことが起こると、彼はこう言うのだ。

「出て行けっていうなら出て行くけど、次の数学者の住所を教えてくれ。そうすれば自分が誰の家に行けばいいのか分かる。それから列車の切符も買ってくれ」

このような交流と協力を通じて、83歳まで生きたエルデシュは、生涯で1525本もの論文を発表し、世界で最も多くの数学の論文を発表した人物となった。

23歳のタンも、この方式で世界を周遊することにした。彼はまず、日本へ行って小飼弾《こがいだん》（ライブドアの前身オン・ザ・エッヂの元最高技術責任者）を訪ね、彼にユニコード（文字コード規格）の書き方を教わった。

「彼はとうとう耐えきれなくなって、オーストリアにパロット（プログラミング言語）を専門に書くヤツがいるから、そっちへ行って住め！　と言われたんです」

タンは言った。そこで彼は次にオーストリアへ行き、さらにエストニアや他の多くの都市を訪れた。

2年間のツアーの途中、2005年末に、タンはこれまでの人生で最も重要な決断を下した。トランスジェンダーを選び、それを世の人に周知することにしたのだ。この時から、彼は彼女となった。だが、そうした転換は彼女のPerl 6普及ツアーにはまったく何の影響も与えなかった。メサクの観察によれば、トランスジェンダーを宣言した後、タンのコミュニティでの生産性はいっそう高まり、さらにコミュニティに貢献すると同時に、多くの作品を作り上げた。

タンはこうしてあちこちを訪れ、2年ほどの間にハッカソンを14回開催した。ハッカソンの参加者は回によって20人から100人までいろいろだった。

彼女はまた、Intel、Amazon に招かれて講演を行い、もっと多くのプログラミング界の達人と知り合うこととなった。こうした体験は彼女の視野を広げ、その後は多元的に世界の各種プログラミングコミュニティと連携していくようになった。

このPerl 6ツアーの後、タンがハスケルを結びつけてコミュニティと一丸となって努力し作り出したPerl 6は、Pugs と呼ばれるようになった。その後プログラミング界で、Perl 6といえばタンを知らぬ者はいなくなった。

Pugs はPerl 6の突破口であった。その後、コミュニティにはバトンを受け継ぐ者が現れ、多くの実践的バージョンが完成した。それが後の Raku である。

2006年末、彼女の探検ツアーは一段落を迎える。タンはこう回想する。

「飛行機のチケット代は高くて、2006年が終わる頃には、あちこち飛び回るための貯金も尽き、台湾へ戻って働きました」

台湾に戻ると、前に彼女が顧問をしていた耀宏科技にそのまま入った。耀宏科技はこの2年間で、タンが以前ハスケルを使って書いたシステムによって、市場の支配権を握っていた。このシステムは、困難だった漢字の処理を可能にしただけでなく、リアルタイムのレポートの生成、レポートのキャプチャ、インデックス管理、送信、明細書の印刷などもできた。そのため、このシステムを使いたいという案件は次々と舞い込み、最後は中央銀行までこれを使うようになった。

しかし、2008年になると、彼女は仕事に飽きてきていた。

「たぶん金融危機の関係でしょうが、突然ミッドライフ・クライシスを感じたのです。仕事は順調で、かなり稼ぎましたが、自分の感覚としては、この資本金融構造という機械にオイルをさして、うまく回らせて、コストを少し下げて、スムーズに動くようにしているというだけのことでした」

タンは言った。

仕事は順調で金の心配もない。だがタンの目には、多くの企業の組織内部の方針決定モデルはまったく変わることなく、権力とリソースはいつも上から下へと動いていて、企業内部には革新的なエネルギーも、多元的なコミュニケーションもないように映った。

彼女はその後、耀宏科技を離れることにした。その日、彼女はブログでこう宣言した。

「もう在宅で働きたい。家から出て営業に行きたくない。こんなことでは、プログラムを書くよりゴルフする時間の方が多くなってしまう」

天才が生きるリモートワーク

その結果、1日のうちに2社から仕事のオファーがあった。Socialtext と Facebook である。2社の考え方は類似しており、オープンソースコミュニティのツールを一般の人の生活に応用しようというものだった。

異なるのは、Socialtext は人が働いている時間に使用するもので、一般の会社の内部プロセス構造に取って代わろうとするが、Facebookは人が働いていない時間に使用するもので、メディアの役割に取って代わろうとするものだ、ということである。

「丸1日考えてから決めました。よし、Socialtextに入ろう。みんなの就業時間を変えるほうが面白そうだ、と」

タンは言った。

「だから、Socialtextで我々は、たとえばウィキペディアのような民間でできたオープンソースの新しいサービスを、直接企業内で使えるコミュニケーションサービスに変えていったんです」

Socialtextは企業界のFacebookとも称され、２００2年に設立され、２００7年に改組された。本部は米カリフォルニアのいわゆるシリコンバレーにある（正確にはパロアルト）。Socialtextはソフトウェアとサービスを提供して、社員が企業内部でグループやブログ（internal blog）、ウィキスペース（wiki workspaces）を作れるようにし、同時にデスクトップパソコンでもスマホ環境でも使用できるようにした。こうした新しいネットワークメディア形式を利用すると、企業内部の何万人もが同時に話し、何万人もが同時にそれを聞くことができる。そうした技術を生かせば、企業内部にイノベーションの種を植えつけることができる。

たとえば、オックスフォード大学出版局の社員は5万人いるが、もし今日、会社が新しいアラビア語の出版物を出す計画について決定した場合、内部メディアで#（ハッシュタグ）を使ってキーワードをタグ付けし、ネットワークのウィキで意見を募ればいい。そうすれば、すぐに新しい出版物のコンセプトを5万人で練り上げることができる。
「こうした会社内部で始動したメディアは、会社の文化を変え、動的な編成が容易にできるようになります。そうしたオープンなイノベーションは、業務を最適化できるうえに業務を再定義することも可能です」

タンは言う。

タンは2008年の8月にSocialtextに入ると、創業メンバーの仲間入りをした。会社はしっかりしたリモートワーク環境を持っていたため、タンは台湾にいながら、自分が加わるべきテーマを自分で見つけて仕事をすることができた。ここで彼女が目にしたのは、夢に見ていた職場環境だった。平等性、開放性、専門性、効率性を兼ね備えたワーク・リアリティ（仕事の現実）である。

この会社は、少数の社員が本部で働いているだけで、他のメンバーは世界中に散らばっていた。そのため、この会社では的確なリモートワークのルールが作られていた。この会社の技術指導者マット・ホイサー（Matt Heusser）はかつて、ある文章でSocialtextの不思議な仕事のリズムについて言及している。

1　アメリカの太平洋標準時午前10時から午後2時までは、世界中の社員が共同で働く時間帯であり、会議を開いてコミュニケーションを取るのは、この時間帯とする。

2　プロジェクト開発の周期は2週に1回とする。また、毎週3回は、午後1時からスタンディングミーティング（全員が参加する会議）を開催する。

3　スタンディングミーティングでは、順番に3つのことを報告する。すなわち、昨日は何をしたか、今日は何をするか、今どんなトラブルに遭遇しているか。

また、ソフトウェア開発は密接な連携作業であるため、誰かがつまずくと、グループの進捗にも影響しうる。そのため、討論によりみんなの同意を得た上で、オンラインチャットルームで誰かの名前が出たら、その人のコンピュータから注意を引く通知音を出し、すぐに討論して問題を解決するようにした。

リモートワークの必要に合わせるために、コミュニケーションに役立つ各種の使いやすいアイコンツールもあって、毎回の会議の前にみんなが各自のページに事前に内容を書き込むと、システムが自動でウィキページにまとめるようになっていた。会議の際は自身が事前に記入した内容を表示する。こうした綿密なプランニングとタイムリーなサポートを経て、スタンディングミーティングは毎回8～12分で終わるようになった。

2007年から2010年まで、このチームは2週を区切りとしたプロジェクト開発を52回経験したが、プロジェクトの遅延が起きたのは4回だけで、その4回のうち2回は、クリスマスと新年の休暇によるものだった。

タンがSocialtextにいた数年間は、かつてのPerl 6チャンネルの雰囲気の再現のようだった。当時彼女はウィキスプレッドシートのSocialCalcプロジェクトに参加していたが、同僚は世界に散らばり、9つのタイムゾーンを跨いでおり、実は難度の高い協働作業だった。

だが苦心の調整を経て、チームは1日24時間で「デザイン―開発―品質管理」のフィードバックループを完成させた。まるでリレーのように、各段階で各自が8時間を費やした。

「こうした非同期の協働作業には、自分のした作業についての詳細なコメントを公表することが必要で、それによって相互の信頼が大幅に向上しました」

タンは語った。

「Socialtextでは対面の交流は少ないんですが、こうした文化的特質により、相互の信頼や友情が育まれました。また、いさかいも少なくなり、SocialCalcの開発が楽しみになったんです」

これはタンがなじんでいたコミュニティの空気だったが、今回は、そうしたコミュニティが本当に彼女の夢の職場となったのだ。

かつて、どんな職場なら天才をとどめておけるのかを研究した人がいた。結論は、そうした天才に、毎日何らかの新たなチャレンジができて、友好的に話し合いのできるチームがあり、自分の作業環境をデザインでき、また現在の分野を知り尽くした後は新しい仕事の領域へ進み、新たな学習を展開できるようにすること、というものだった。

一般の人は、企業が天才を業務に招き入れることを渇望していると考えがちだが、実際はその逆だ。多くの経営者は、チームに天才を入れると管理しにくい、と考えている。ある部署責任者は、「天才は他人に打ち解けず、面倒を引き起こすだけだ」と言った。別の者はもっとはっきりこう言う。

「不安定な天才を雇うよりは、安定した凡人を1ダース雇う方がいいね」

前述の結論から見ると、Socialtext は相当の努力をして、天才が共に働ける場所を作り上げたのだと分かる。彼らの事業が日に日に発展しているのも、うなずける話だ。

2012年になると、この会社は先行き有望であったことから、PeopleFluent（企業内部の人材と知識の管理にフォーカスした会社）に売却された。参加して4年を経ずに、彼女はシリコンバレーの創業者の最後の1マイルである「会社の売却」を成し遂げたのだ。

シリコンバレーでは、会社を売却した創業者の次のステップは、エンジェル投資家となってスタートアップを見つけ、投資の対象とすることだ。短期間で利益を獲得し、けりをつけることを期待する。だがタンは、そうしたプロセスに自分が学べることはもう多くない、と感じた。つまり、

「伝統的な資本主義システムの中では、探索できる空間は限られ、自分にとっては頭打ちのように感じたのです」

今こそ公共の利益に身を捧げよう

会社の売却後、タンは Socialtext、Apple、オックスフォード大学出版局の3社の顧問を引き受けた。1週間に10数時間働く気楽な生活で、1カ月の収入も2万米ドル（約200

万円）であった。リタイアして、生活の心配もないのであれば、

「今こそ公共の利益のために身を投じるべきときだ、今後の時間をそのことに捧げよう」

彼女はそう思った。

だが、いったい何をしたらいいのだろうか。

それまで、一番好きな本は何か、と聞かれたことが何度かあったが、彼女の答えはジェイムズ・ジョイス（James Joyce）の『フィネガンズ・ウェイク』（Finnegans Wake）、それに各種言語の辞書だった。ジョイスはともかく、なぜ辞書が好きなのか。

「辞書を通じて、ある種の文化を理解することができるからです」

言語とコンピュータの交わるところ、それは確かに彼女が最も愛する空間だ。Apple で顧問をしていたとき、タンは自身のいる Siri チームがしばしば詩人を雇用しており、それには何年かの詩の創作経験が求められることを知った。Siri は音声で受け答えをするソフトで、言語に対応する高い感受性が求められる。

「詩というのは、最も簡潔な言葉です。Siri は短い日常の会話から主人の気分を判断し、適切な受け答えをする必要があり、ユーモラスな気分転換まで必要とされます。こうした人生の知恵を人工知能に転換することは、容易ではありません」

タンは言う。

タンは最初、Siri に北京語をしゃべらせようと試み、次に上海語をしゃべらせようとした。彼女はオックスフォード大学出版局では五南図書出版の『国語活用辞典』（「国語」は

中国語を指す）のデジタル化を推進しており、「その後、Mac と iPhone で使われたのは、私が作ったバージョンです」とのことだ。

この時、彼女はこう思った。幼いころから現在まで独学を続け、ネット上でたくさんの人が、無料で提供される膨大な素材の恩恵を受け続けている。それらの素材は、たとえばプロジェクト・グーテンベルクもそうだが、志ある人が時間を費やして少しずつ文字を打ち込んだもので、完全に無料だ。もし中国語辞典をデジタル化できれば、そして無料で開放できれば、多くの人に恩恵をもたらすことができる。

その後、この計画は彼女が２０１３年に開始した公益プロジェクト『萌典』として結実した。

『萌典』は当初、Google 台湾のクラウドコンピューティング計画リーダーである葉平《イエ・ピン》と共に立ち上げられ、その後はタンがｇ０ｖコミュニティで運営している。参加者たちが試みたのは、台湾で最も多くの人が使用している『教育部国語辞典』（中華民国教育部編の中国語辞典）のデジタル化だ。このプロジェクトはその後、コミュニティから５００人以上が参加して、資料の増補や修正などの作業に打ち込んだ。

これらネットユーザーは力を合わせて、紙の辞書にあった６０００カ所あまりの誤りや古くなって時代に合わない部分を見つけ出し、改訂を行った。このことは、データを提供した教育部にも重要な発見をもたらした。政府の文献データを一般に開放して使用させることは、一方的に人々に恩恵を与えるだけでなく、人々からデータの正確さを保つメンテナンス作業という恩恵を受けられる、ということである。

このデジタル化された中国語辞典は、16万件の中国語の項目を収めるほか、2年の歳月をかけて人々の力を結集し、最終的には閩南語《びんなんご》（中国語方言の1つ）、客家語《ハッカご》（中国語方言の1つ）までも収録し、中国語と英語、フランス語、ドイツ語との対訳も提供している。

『萌典』とアミ語

『萌典』でタンに最も深い印象を残したのは、台湾の先住民族であるアミ族の友人が、何とかしてアミ語の項目を増やそうとしていたことだ。

『萌典』のプログラムアーキテクチャは本来漢字用に設計されており、表音式文字による言語は設計に含まれていなかった。だが、そのアミ族の友人は、アミ語辞典を作る得がたいチャンスと感じ、クラウドソーシングを進めたのだ。タンは言った。

「彼らはさまざまな由来を持つアミ語辞典をデジタル化し、53時間で8万以上の項目を完成させました。これには本当に感動しました」

先住民族にとっては、言語がなくなれば、文化も跡形もなく消えてしまうことになる。アミ族版の『萌典』を通じて、彼らの貴重な文化的記憶も伝承されるのだ。

14歳でオンラインコミュニティに加わってから今まで、タンはこの人生の学校でプロフェッショナルとしての挑戦を成し遂げ、人生の目標を実現し、生涯の友にも巡り合った。

２０１６年1月20日、映画『デッドプール』で世界的な人気を博した俳優のライアン・レイノルズが新作のプロモーションのために台湾を訪れた。奇妙なことに、その日、彼のTwitter に次のようなメッセージが投稿された。「Taiwan!!!　我来応徴閃霊楽団的主唱了！（Taiwan!!!　ソニックのメインボーカルに応募しに来たんだ！）」

というのも、3日前の1月17日、台湾の総選挙で新しい立法委員（国会議員）が選出されたが、そのうちの1人は台湾のヘヴィメタルバンド、ソニックのメインボーカルのフレディだったのだ。

立法委員に選ばれたのならば、もうボーカルは担当できないということではないだろうか。そこでおふざけが大好きなライアン・レイノルズは、これはチャンスとばかりにフレディに取って代わるフリをしたのだ。この話題はすぐさま、メディアの強烈な反応を引き起こした。

数年来、ソニックは世界で知られるバンドとなっていた。ヘヴィメタルと伝統楽器を融合させた彼らの曲風は、国際的にも独特の風格を持ったものとして注目を集めていた。フレディもかつて、イギリスのロック雑誌『TERRORIZER』の読者投票で世界第3位のボーカルに選ばれたことがある。

またフレディは、ロックスターであるだけでなく、国際政治問題にも関心を持っていた。彼はチベットのダライ・ラマを支持し、アムネスティ・インターナショナル台湾の理事長を務めたこともある。

同じ2016年、タンは台湾の内閣に入り、デジタル担当政務委員となった。フレディはこう語った。「芸立協時代、彼女とオープンガバメントの可能性について討論した。その妄想がなんと20年後に実現するとは、思ってもみなかったよ！」

フレディは以前、タンと同じような長髪にしていたが、2020年に立法委員に再任して、やっとカッコいい短髪にした。彼はまだPerlを習得していないが、仕事に励む立法委員となる方法は学んだ。フレディは、公民監督国会聯盟（国会のオンブズマン団体）から、過去4年の8会期のうち5回、優秀立法委員に選出されている。

現在、台湾政府の「オープンガバメントワーキンググループ」内では、タンが行政院（内閣）の代表、フレディが立法院（国会）の代表である。若いときの友情が、戦友のように共に戦う情熱となって、今も続いている。

ハッカーとロック歌手が政府に入って働けるなら、公務員の姿もさまざまであることは明らかだ。

IT大臣に就任したタンについてどう思うか、高嘉良に聞いてみた。タンの加入で台湾政府の仕事の効率は大幅に上がると思うか、という質問に対し、高は笑いながら答えた。「大幅？　彼女をあんまり神格化しないでね（笑）。でも正直にいうと、全体にスムーズになるのは確実だね。台湾政府の体制は、もともと効率がよかったよ！　ただし、部と部の横の連絡には確かに少し問題があった。いまはよりスムーズになり、外部との連絡もうまくいくようになったね。

Ａｕは、自分の方法を売り込むのではなく、自然とみんなを引き付ける人だ。ＩＴの世界ではプロだし、『もっと良い解決策を見つけてくれる』と周りも期待してしまう。でも、彼女は本来そういうタイプではないと思うんだ」

タンはそれまでの人生においても、人の期待に応えて行動するタイプではなかった。自分のしたいことをして、自然と人を引き付けてしまう人なのだ。

Episode 5　性別を超えた人たち

――性別は、二択問題ではなく穴埋め問題だ。
唐鳳の性別は唐鳳だ
唐鳳&台湾ネットユーザーの名言より

Xジェンダーとの出会い

先頃、Facebookで「あなたの中の男性と女性の割合はどのくらい？」というテストが流行った。

2人の子どもがいるある男性は、自分について、「100％女性」と答えた。ある女性は子を持つ母だが、自分は「100％男性」だと見積もった。投稿の下には友達がからかいのコメントを残したが、その後は他の数えきれない記事に埋もれ、消えてしまった。今では、性別の問題はこんな風にカジュアルに面白く語られるようになった。

しかしかつて、一部の人たちにとっては、性別の問題は生きていく上で暗黒のブラックホールだった。

ある年の「プライド月間」（Pride Month、性の多様性を祝福する世界的なサポートイベント）で開催されたオンライン対談で、著名な作家ユヴァル・ノア・ハラリ（Yuval Noah Harari、世界で800万冊を売り上げた『サピエンス全史』の著者）がタンと対談し、互いに青少年期の困惑についての思い出を率直に語り合った。

21歳の時に同性愛者であることをカミングアウトしたハラリは、15歳の時にはすでに自分が女性ではなく男性に魅力を感じることを意識していた。だが、それがどういうことなのかは理解できなかった。ハラリはこの時期を振り返り、深い慨嘆を覚えると言う。聡明を自認する彼でさえ、自分自身を理解するのはそれほど困難なのだ。

タンもまた、多難な道のりを歩んできた。男性として生まれたが、「13歳から14歳の頃、男性としての青春時代を過ごしたが、自分をそれほど男性的だとは自覚できなかった。後から知ったのですが、私は生まれつきテストステロンの値が非常に低かったようです」

と語っている。タンは自分の青少年期を振り返り、当時インターネットが普及し始めていて良かった、という。

「その頃、ネット上でXジェンダー（典型的な男性または女性ではない）の人たちと知り合い、世界には私と同じような状態の人がいると知りました。確率で言えばおよそ100分の1から1000分の1で、全世界には数百万人のXジェンダーがいる計算です」

トランスジェンダーの詩人リー・モコベ（Lee Mokobe）は、TED講演イベントで自作の詩を披露した。

「私は解剖学における謎だ／訊かれても答えの出ない質問だ……誰も私たちを人間とは思わない／脈打つ肉体よりも亡霊に近いからだ」

この短い詩の中に、一言では語り尽くせないモコベの人生が表現されている。

タンは青少年期、心理学の巨匠ユングの自伝を読んだ。ユングは、人は無意識的に両性具有の傾向を持つ、と主張していた。タンはこの時期、自分で編集した『姤思《こうし》』（姤の思想）を発行している。自作の散文や小説、詩、『ユング自伝』の書評をはじめ、彼女の読書、思考、創作のエネルギーを反映した個人誌だ。

「姤」は『易経』六十四卦のうちの1卦であり、「剛（陽）と柔（陰）が出会う」という意味だ。『姤思』というタイトルのうちに、少年タンのフェミニンな気質の吐露を読み取った人もいる。

当時タンは、「天風」というペンネームで詩を書いていた。『易経』では、天と風が合わさると「姤」を指すとされ、姤には、

「后以施命誥四方（后《きみ》以て命《めい》を施し、四方に誥《つ》ぐ）」、つまり、

「新しい考えを着想した時は自分だけで完成させるのではなく、皆で共に完成させる」

という意味もある。

「大勢の人のために行うことは、大勢の人の助けを借りる。これが子どもの頃から一貫して行ってきたことです」

タンはこう語った。

タンが青少年期から自身を理解していても、彼の属する社会はまだそうした問題に直面する準備ができていなかった。そのことを知っていたタンは、機が熟するのを待っていた。その後については、よく知られている。『姤思』発行から10年後、タンは性別の境界を越えることを決心した。胸毛を除去し、ボトックスを注射したが、性別適合手術は受けなかった。女性となった24歳から、第2の青春が始まった。中国語名を唐宗漢《タン・ツォンハン》から唐鳳《タン・フォン》に変え、英語名をAutrijusからAudreyに変更した。２００５年の末のことだった。

性転換を決心する前、タンは家族や友人に意見を求めた。幸いにも両親は、

「それで人生がより幸せになるなら、私たちは必ず応援する」

と答え、友人たちも温かく支えてくれた。それ以降、彼女はトランスジェンダーであることを隠していない。

「プライド月間」のイベント中、ウェブサイト「女人迷 Womany.net」で、タンは「プライド（pride）」という言葉の解釈についてこう述べた。

「私が経験してきたことの中から、他人と異なる点をジグソーパズルの一片に見立て、それをこの社会に付け加えることによって、いくらかでも貢献したいと考えてきた。なぜなら多くの人は自分の人生に、そうした他人と異なる一片を見つけることができないからだ。自分の経験を語ることで社会に内省を促し、社会がさらに良くなる手助けをしたかった」

「私の人生にあった、社会の期待と一致しないところは、社会が悪いのでも、私が悪いのでもないと分かっている。私自身の経験を分かち合うことで、この社会は本来非常に多種多様な要素で構成されているために、自然と多様な価値観が生まれること、世の中の進歩と称するもののために、その他の価値観が犠牲にされてはならないことを、皆が知ることができる」

したいことをするのに性別はいらない

これが、絶えず発信し続けてきた自身の初志だ、とタンは語った。2016年に台湾の内閣に入閣した時も、人事資料の性別欄には「無」と記入した。

「私は、自分がしたいことをする。それが男性のすることか、女性のすることか、などと考える必要はない」

タンはこう言い、自ら選んだ新たな人生では、弱者への共感がより強まったと述べた。

ＡＦＰ通信はタンを「ジェンダーアイデンティティを資産にしたトランスジェンダー大臣」と紹介し、彼女がＬＧＢＴの権利のために声を上げただけでなく、トランスジェンダーの政治家という立場から民主的ガバナンスを捉え直し、民主を二大政党の対立から多元的な存在へと進化させた、と評した。

２０１９年5月17日、台湾で同性婚特別法が成立した時、立法院（国会）の外には平等な権利を支持する4万人の人々が集まり、歓声を挙げた。台湾はアジアで初めて同性婚を法制化した地域となった。

台湾社会で共通の認識が培われるまでには、実は長い道のりがあった。二元論的な社会では、男っぽい女の子や女っぽい男の子は、どちらも罪深いとされる。15歳の葉永鋕《イエ・ヨンジー》少年の死が、偏見が人を殺すことを世に知らしめる告発になったのだ。

２０００年4月20日午前、中学3年生だった葉少年が、学校のトイレで口と鼻が血まみれになった状態で発見され、病院に搬送されたが、翌日帰らぬ人となった。

警察による詳しい調査で、葉少年は内向的な大人しい性格で、以前からよく同級生にいじめられていたことが分かった。少年の母、陳君汝《チエン・ジュンルー》によると、小さい頃から優しい性格で、よく笑い、歌や編み物、料理が好きだったという。しかしそれが原因で、中学校に上がってからよく「女っぽい」とからかわれていた。

同級生たちがトイレに入る葉少年を捕まえ、無理やりズボンを下げ「身体検査」したことが何度もあった。以前のいたずらが、成長期にはいじめに変わっていったのだ。葉少年は休み時間にトイレに行けなくなり、数分早く授業を抜け出してトイレに行くか、教職員用トイレを借りるようになっていた。

ある生徒がトイレに行けなくなったという事実を、学校中の教師が知っていたが、母親だけは知らなかった。強くありなさいと言う母親に対し、少年が学校での出来事を話さなくなっていたからだ。

学校でのいじめは、徐々に他の方面にも向かい、葉少年に無理矢理宿題を手伝わせる同級生も出始めた。葉少年は怒りを覚えたが、断る勇気もなかった。母は部屋の中で葉少年が丸めて捨てた学校の生活日誌のページを発見したことがある。そこには「先生は目が見えないのですか。2人の宿題で同じ筆跡なのが分からないのですか」と書いてあった。

亡くなる1カ月前、葉少年はメモを書いて母親に渡した。「学校に行きたくない。いじめられる」。母親はすぐに学校に電話をしたが、学校は無視した。

その日、葉少年は一番好きだった音楽の授業が終わる5分前に手を挙げ、トイレに行きたい、と言って出て行ったきり、戻って来なかった。

調査の結果、葉少年はトイレから教室に戻ろうと急いだため、水が溜まっていたトイレの床で滑って転び、亡くなったことが分かった。だが、問題を突き詰めれば、葉少年がこの時間にあわててトイレに行かざるを得なかったことにこそ、真の元凶がある。

その後、台湾各界では事件への反省から、性表現の違いによらず、学校を子どもたちが平等に扱われる場所にするための模索が始まった。

屏東県の農家出身である葉少年の母は、息子の死を悲しみ、「私は息子を救えなかった。だから人の子どもを救う」と言い、LGBTパレードに何度も参加して、葉少年のような子どもたちを、「恐れないで自分らしく」「陽光を目指して私たちの権利を獲得しよう」と励ました。

2007年、台湾の教育部は、葉少年の物語を『玫瑰少年（バラの少年）』と題するドキュメンタリー映画にして、全国の学校の教材とした。2019年には、台湾ポップスの女王ジョリン・ツァイ（蔡依林）が葉少年のために歌った『玫瑰少年 Womxnly』が、台湾の年間最優秀楽曲賞を受賞した。

長い間男女同権を支持してきたツァイは、授賞式で、

「私もいつかマイノリティになるかもしれない。葉少年がそのことに気付かせてくれました。この歌を彼、そして自分にはまったくそんなことは起こらないと思っているあなたに捧げます」

と、震える声でスピーチを行った。

婚姻から姻を除く

高い理想は人々の心を動かす。だが、実際問題として、男女同権の精神は、どのように法律に体現できるのだろうか。

男女同権は、性別二元論の排除にとどまらない。職場では雇用や昇進における男女の機会均等や、賃金の平等が含まれる。会社では昔から、職位が高くなるほど女性が少なくなる。女性に対する社会の期待は高いとは言えず、家事や家族の世話は女性が負担するので、それが昇進にも影響する。

そのため、職場に関連する政策の中で、「ジェンダー・インパクト・アセスメント（Gender Impact Assessment、略称ＧＩＡ）」を制定し、数値化することは重要だ。そうすれば、性別による職場待遇の不平等を具体的にチェックし、実際に改善されているかどうか知ることができる。このアセスメントから得られるデータを政策決定の基礎にすることもできる。

「ジェンダーフリーは、性別による不平等を解消するきっかけになる。人々が性別に対してステレオタイプなイメージを抱くことがなくなれば、家事も特定の性に偏ることなく、家族全員で分担されるようになるだろう」

とタンは語る。

人々の心情を反映するように、２０１７年5月、台湾の司法院（法務省）は、民法が同性同士の婚姻の自由と平等の権利を保障していないのは違憲に当たるとし、関連する法律の改正や制定を2年以内に行うよう立法機関に求め、またそれによって同性婚の権利を保障することを宣言した。

台湾は夫婦別姓だが、台湾では、「婚姻」という文字は2つのことを表している。「婚」は2人の個人を結び、「姻」は2つの家族を結ぶ。確かに「姻戚」という法律上の親戚関係は、姻が結ばれた結果だ。

過去、台湾の年長者の多くが、婚姻の「姻」だけを重要視していた。結婚は双方の家族が親戚になるのだから、必ず結婚式を挙げ、宴席を設けて披露しなくてはならず、それでこそ一生の大事が完成する、と考えていた。また法律も、結婚は式を公開し、さらに2人以上の証人が立ち会うことが必要であると規定し、そうでなければ、法律上の結婚も成立しない、としていた。

だから、たとえ双方が戸籍事務所で配偶者の登記を行っても、公開で式を挙げなければ、その婚姻は合法とはいえなかったのだ。

2008年になり、台湾では宴席を設けて親戚や友人に結婚を告げる儀式婚から、登記婚（両人の登記）へと法律が改正された。登記婚の了承後、結婚は再びシンプルに2人の間の問題になった。

「同性婚が法律で認められる前には、公共政策ネット参加プラットフォーム（JOIN）にたくさんの意見が出されました。賛成反対それぞれの人数が5000人を超えたので、私たちも政府の各機関と交渉し、両方の提案者のみなさんに状況を説明しました。

その後、同性婚特別法制定のために、法律の専門家たちが見直す中で、法律の精神は

『結婚不結姻（婚を結び姻を結ばない）』へと発展し、法律の条文が『姻』を抜かした『婚』に連結されました。そのため、この法律は姻戚ではなく結婚に関与するものになった。同性婚の法制化は、素晴らしいソーシャルイノベーションを起こしたのです」

タンは、同性婚の法制化作業がいかに婚姻の平等を支える活路を開き、台湾が法改正の最後のマイルストーンにたどり着くことができたかを、観察者の目で語った。彼女はこの件について何か運動をしたわけではないが、ネット上で反対派と賛成派の論争を可視化し、論争を深めるサポートをした。

人はデフォルトでは「その人自身」

トランスジェンダーのカリッサ・サンボンマツは講演の中で、

「多くの人が、すべての女性の性染色体はＸＸであると思っているでしょう。でも現代の科学では、女性の性染色体はＸＸだけではなく、Ｘ、ＸＹ、ＸＸＸが混合していることもあることが分かっています。人の瞳にさまざまな色があるように、性別もスペクトルの如く多様なのです」

と述べている。

サンボンマツは、自身が性転換をした時のつらい経験を語った。

「私は内面的には自分を女性だと認識していたので、女性の服装をしていました。でも、どう頑張っても女装した男としか見られませんでした。科学者の世界は信頼性がすべてです。しかし、皆が廊下でこっそり笑ったり、私を見つめて嫌悪の表情を浮かべたり、私に近寄るのを怖がっていました。

性転換後の最初の大きな講演が思い出されます。場所はイタリアでした。それまで何度も一流の場で講演してきましたが、その時は恐ろしくてたまりませんでした。聴衆には、ひそひそ話をする人、私を見つめる人、作り笑いをする人、こっそり笑っている人もいました。8年前のこの経験で、私はまだ社会不安障害を抱えています。私は希望を失いました」

そういうサンボンマツの声は震え、表情は悲しみに満ちていた。

「私たちのうちの4割が、自殺を試みたことがあります」

同じくトランスジェンダーとなったタンは、サンボンマツよりは幸運だったかもしれない。

「私の母の言動は、もともと性別を超えていました。母は、子どもの頃から男の子のように育てられたからです。ジュディス・バトラー（Judith Butler、ジェンダー研究者）氏に、母の面影が重なります。母には、特定の性のステレオタイプな印象がありません。私の祖父もそうだったと聞きました。私の家庭では、そういうことは特別なこととは考えられていませんでした」

タンにとってトランスジェンダーは、男性と女性の世界を同時に理解していることの表れだ。性別は一種のパフォーマンス（performance、ジュディス・バトラーによる理論）であり、

「人はデフォルトではその人自身なのであって、特定の性別ではない。性表現はその日どの性別を表現したいかによって、自分の身にまとう服装のようなものだ」

と言う。

服装といえば、タンは無地で中性的な服装を好む。クローゼットには黒、白、グレーの服が多く、毎日洗濯をして似たような服装で出勤する。よく着るのはイッセイ・ミヤケだ。「性別による美しさではなく、織物の美しさを強調する」スタイルが、自分の哲学に合っているからだ。

自分を見る社会の目を嫌い、自分の身体を嫌うようになるトランスジェンダーは多い。だが、ファッションについて尋ねられたタンは、こう答えている。

「身体とは喜びであり、自然なものだと思っている。私は頭が大きく、身長も180㎝あるが、服で欠点を隠そうとは思わない。服は身体を引き立てるものであり、身体を否定するものではないからだ」

2014年から、Facebookの性別欄には「男性」と「女性」以外に少なくともLGBTの56種類の性認識が項目として加わり、アセクシャル（asexual）、両性具有（androgynous）、トランスジェンダー（transgender）、Xジェンダー（genderqueer）など多様な選択ができ、それ以外の選択肢も自由に書き込めるようになった。

2020年7月、オランダはドイツに倣い、身分証明書の性別記載欄を廃止すると宣言した。イングリット・ファン・エンゲルスホーフェン教育・文化・科学相は、

「今後は、性別は必須の情報ではない。人々はアイデンティティを確立し、完全に自由で安全な生活を送ることができるようになる」

と語った。

人を性別からではなく、その人個人の特質から認識する。そのような時代が、真に到来しようとしているのかもしれない。

Episode 6　シビックハッカーからハクティビストへ

——私たちが情報可視化の力を信じられるなら、
その力で暗闇に打ち勝つこともできるだろう

by　楊孝先

インターネットで民主制度を知る

1996年、台湾で初めての民主的な直接総統選挙が行われ、並みいるライバルを破り、李登輝が高得票で当選した。国民党政権が、1949年から38年間にわたる戒厳令を敷いた後、その解除からわずか10年足らずで、民主的な直接選挙が実施されたことは、台湾国民にとっても驚きだった。

現代では隆盛を極めているインターネットが発達を始めたのは1980年頃、そして1990年代に台湾に浸透していったが、台湾で民主主義とインターネットが出会ったのは、まさにこの総統選挙の頃だった。

タンがインターネットに出会ったのは、1993年から1994年頃のことだ。誰もが情報にアクセスできる自由さに惚れ込み、1995年に中学校を離れてネットで事業を始めた。彼女は、この時期に本当の意味でインターネットの魅力に取りつかれたという。

なぜ、世界中の人々は自ら望んでネットに接続するのだろうか。ネットにはいかなる強制力もない。軍事力で通信会社に無理矢理ネットへの接続を強制しているわけでもない。

彼女はネット上でさまざまなやり取りを重ねるうちに、相手の言論を尊重することや、発言権を持つことの重要性を理解したという。

「ネット上では、まさに私がいま政府の仕事で追求しているような、高度の透明性が確保されている。たとえば、あるインターネット上のルールから自分が影響を受けていると感じれば、電子メールのアドレスさえあれば、すべての人が『私はこのルールから影響を受けているので、この件についての発言権が絶対に必要だ』と主張できる。これこそがネット・コンプライアンスであり、私が一番よく知る政治システムだ」

タンは、民主化運動を理解するよりも前に、ネット上で、いかなる制限も受けない民主プロセスと、すべての人が公平で自由な発言権を持つことの重要性を知ったのだった。振り返ってみると、14、15歳ですでにこのような政治システムに参加していたことになる。

この5年後、彼女は実際の社会で投票権を得た（台湾では投票権は20歳から）。そのため、タンにとって、代議制民主主義は原始的なシステムに感じられた。インターネットは、彼女の青春時代に心の中で形作られた基礎的な民主制度であり、それ以外の民主制度を知らなかったからである。

当然ながらタンは、伝統的な代議制民主主義を完全に否定はしていない。むしろ必要と考えている。彼女は、科学の進歩は民主主義の持続的な成長を助けると考えている。歴史を振り返れば、民主主義はその大部分が代議制の下で発達してきたので、いわゆる直接民主主義は、短い期間、狭い範囲でしか行われていない。これはむしろ技術的な問題だ。

たとえば、アテネのアクロポリスでは、どんなに大声を張り上げたとしても、声が聞こえるのはその範囲にいる人々でしかなかった。テレビやラジオが発明されると、1人の政治家は何百万人もの人々に向けて発言できるようになったが、逆に何百万人の声を政治家が聴くことはできず、もちろんその何百万人の人々は、お互いの意見も聞くことができなかった。

しかし今日では、インターネットの発達により、ひとたびネットの透明性や公平性、自主性を理解すれば、人間は物事の本質を討論し、お互いの理解を早めることができるようになった。

情報ビッグバンの現代では、市民は社会を変えるための提案だけでなく、実際に社会を変えることもできるようになる。社会における正義を広く説き、ネット社会の透明公開を促す役割を担う専門集団、ハクティビスト（Hacktivist、運動ハッカー）の登場である。

ハクティビストといえば、アーロン・スワーツ（Aaron Swartz）を忘れてはならないだろう。タンが大変尊敬するプログラマーでもある。1986年に生まれたスワーツは、小さいころから才能にあふれ、コンピュータプログラミングの世界にどっぷり漬かっていた。タンと同じように、早くから学校生活から離れ、インターネットテクノロジーで市民活動をリードすることに力を入れていた。

2008年、watchdog.netを創業し、政治家の情報を整理し、可視化した。これによって、政治を何だかよく分からないたくらみの活動から、人々が参加し、発言できるプラットフォームに変えたのだ。

2010年には、さらにDemand Progress社を創業した。これはネット上で人権や政治改革などを議論するグループで、政府に改革を提案した問題がスムーズに連絡され、実行されることを要求した。オンライン海賊行為防止法案（SOPA）に対する反対運動を行うなど、スワーツは米国で一躍名を馳せた。スワーツが関わったプロジェクトは数知れず、目的はただ社会がより健全になることだった。

情報の透明公開を訴えたスワーツだが、２０１１年に他者のアカウントを使用して有料の学術雑誌論文を大量にダウンロードしたとして、マサチューセッツ州の法に触れ、50年に及ぶ刑期と巨額の罰金を科された。

２０１２年９月、検察側はスワーツに対し、13の連邦法違反の罪を認めれば刑期を６カ月とする、という取引を提示したが、弁護士と共にこれを拒否。４カ月後、自らの命を絶ち、26歳の短い人生に幕を下ろした。

スワーツは、インターネットテクノロジーで生計を立てたことはなく、公平なネット社会を創造することに力を注いだ。情報を徹底して公開することにより、多くの人々が政治に参加でき、社会に関心を持ち、人権が回復されるよう、市民意識を高めることに尽力したのだ。

g0v零時政府《ゼロガバメント》の誕生

タンは、情報の創造的運用技術を持ち、社会に対する高い意識を持っている人こそがハクティビストの本質である、と考えた。そして、スワーツの死後、多くの人々が彼の理念に賛同し、ハクティビストとなって政府に「情報の透明公開」を要求していくべきだ、と主張した。後にこの波は台湾にも押し寄せ，２０１２年には社会に化学反応を起こした。

それは、どのような波だったか。

２０１２年の台湾総統選で、国民党の馬英九総統は、６８９万票で民進党の蔡英文候補を破り、２期目の任期を勝ち取った。

国民党は同時に立法院（日本の国会に相当）でも１１３議席中64議席を獲得し、完全過半数を占め、政治運営を確実なものにした。当時は「九二共識（92コンセンサス）」、つまり、１つの中国の下に、各自が立場を表明するという共通理解で中国政府と協議していた国民党は、台湾島内の親中派と見られていた。２００８年から、段階的に航空機の相互乗り入れや、中国大陸の学生の台湾での大学進学などを受け入れ、一方で中国側も台湾への観光を段階的に開放するなど、両者の関係は蜜月期に入っていた。

当時の台湾は、一刻も早い経済の立て直しを迫られていた。中国人観光客や投資の受け入れだけではなく、他の一連の政策でどのように経済を立て直すつもりなのか、国民に説明を求められていた。

２０１２年10月、馬英九政府の行政院（日本の内閣に相当）は、「経済動能推升方案」（経済力引き上げ法案）と題した41秒のコマーシャルを放映した。ところがこの広告で、思いのほか多くの国民の怒りを買ってしまうことになったのだ。

このコマーシャルには、さまざまな業種の人が４人登場する。農業従事者や労働者、ビジネスマン、それぞれが疑問の表情を浮かべているところに、「経済力引き上げ法案って何？」と字幕が入る。

すると、すぐに「簡単な言葉で、皆さんに分かりやすく説明したいのですが……」とナレーションが入る。次の瞬間、突然、「しかし、簡単な言葉では、とても政府のこれだけの政策を説明できないのです、経済発展には完璧なプランが必要で、それで経済はようやく動き出すからです」と言い出し、最後には「現在、たくさんの政策が緊急に行われています。ここで説明するよりも、実際に動こう。経済を回そう。やれば分かるさ！」とまとめられ、そそくさと終わる、という内容だった。

　つまり、このコマーシャルは政府の経済政策を何も伝えていない。しかも、昔ながらの露骨な「上から目線」で、庶民に政府の政策など理解できるものではない、政府は努力しているのだから、人々は政府が「真剣に取り組んでいる」ことさえ分かればいいのだ、という態度なのだ。

　コマーシャルに出てくる４人の人物は、伝統的な「士農工商」を象徴しているのかもしれない。人民は政府がやることをただ見ていればいいのだ、とする先入観に満ちたこのようなスタンスは、瞬く間にネットを炎上させた。このコマーシャル放映後ただちに、ｇ０ｖ零時政府《ゼロガバメント》という組織が立ち上げられたのである。

　政府の情報公開と、法案のデータ視覚化に努めるｇ０ｖは、後に市民の政治参加への強力なけん引役を担った。発起人の高嘉良は前述のタンの友人だ。フリーソフトプログラマーで、台湾中部の名門台中一中を卒業。その後、無試験で台湾大学資訊工程系（情報工学部）に入学。卒業後は世界各地のプログラミング開発フォーラムで活躍していた。

彼は、g0v立ち上げの当初の理由は、まさにあの時のコマーシャルへの怒りだった、と語る。

「政府のやることはとにかく複雑だ、特に経済について国民はそんなに細かいことまで知る必要はない。政府を信用しろ、私たちは忙しい、だけどあなた方は私たちにやらせておけばいいのだ、傍でうるさく言うな。そんなことを言わんばかりのものだった」

その後、このコマーシャルはユーチューブ上で、幾度となく「詐欺」だと訴えられ、彼とタンを含めた友人らは政府の情報隠ぺいを批判するより、真っ向から監督し改革するよう促す方が早いだろうと考えた。彼は言う。

「私たちは政府に、こう言いたかった。我々はバカではない、情報を理解することも、あなた方の力になることもできる。私たち国民は、この政策制定過程で、蚊帳の外に置かれたくはないのだ、と」

そのため、g0vの当初の目的は、馬英九政府の予算可視化を助けるために、閲覧可能なデータの整理を行う事だった。そうした作業を進めるうちに、g0vのメンバーは、多くの台湾人が、実は国家公共の実務に関心を持っていると気づいた。彼らは冷たく無関心ではなかった。情報を正しく整理しさえすれば、台湾人は自ら望んで理解しようとするのだ。

その後、g0vはこのようなアクションで徐々に多くの人材を引きつけ、あまり知られていなかった政策や法案を、より簡単に理解できるような形に変え、人々に提示していった。

高嘉良は、各政府機関のウェブアドレスがすべてｇｏｖであることに注目した。もし「ｏ」を「０」に換えたら、人々に思いがけない親近感を与えることができる。この「先進的なお試し版」の政府機関アドレスで、より透明で直接的な場を作るのだ。ここで、政府がすでに公開しアップロードした情報を、政府の意図がよくわかるようにグラフや表にして人々に伝えるのだ、と考えた。

また、「０」は、政府が何を行っているのかをゼロから考えること、も意味する。情報ビッグバンの時代に、人と人がやり取りをする新しいモデルが構築されている中で、国民と政府も新しいやり取りをするモデルを持つべきだ、と考えた。

ｇ０ｖの重要な活動として、ふた月ごとに行われる「ハッカソン」がある。プログラマーやグラフィックデザイナー、ユーザインタフェース設計者、プロジェクトマネージャーらが集中的に作業をする、ソフトウェア関連プロジェクトのイベントだ。こうした人材も、徐々に集まるようになってきた。

高嘉良の考えでは、ｇ０ｖは正式な組織ではない。いくつかのグループがまとめられたコミュニティであって、人々は誰もがこの中で自分のプロジェクトを提示することができ、それらのプロジェクトはいろいろな人々を引き付けている。ふた月ごとのハッカソンでは毎回約１００人が参加し、チャットルームでは２５００人がブレーンストーミングを行い、その場での応答をしていた。２０１７年の調査では、参加者の内訳は開発者が35％、デザイナーが30％、政府とＮＧＯ職員が20％、プログラマーが15％。各界の達人がここに集まっていたのだ。

規律はなくても効率的な組織

ｇ０ｖのような「開放型政府」の考えは世界各地にあるが、これほど大きなコミュニティはそうはない。ｇ０ｖは、いまや世界有数のシビックハッカーコミュニティだ。ｇ０ｖはさまざまな実験の場にもなっており、政府が政策を施行する前に、ｇ０ｖがモデルバージョンをここに提示することもある。仮に政府や自治体がそのプログラムモデルは有用だと判断すれば、無料で入手できる。

政府の予算書は５００ページ以上にわたるもので、これまでは専門分野の学者でなければ到底理解することはできなかった。しかし、ｇ０ｖによる動的視覚化によって、予算分布と毎年の施行状況を簡単に理解できるようになった。これらのプログラムはすべてソースコードがオープンにされており、関係各所で好きなように使用できるようになっている。彼らはソースコードを入手すれば、自らが所属する部署のバージョンのみの予算作成にも使うことができる。

それぞれの予算にはネットコミュニティのコメント機能があり、興味を持ったネットユーザーが直接問題提起できるようになっている。政府はこれらの問題を集約し、必ず関係機関に伝え、各機関は一定の期間内に回答しなければならない。

これまで政府は、一方的に情報を提供するだけで、国民はそれを受け入れるしかなかった。しかしｇ０ｖが提供するモデルは、国民がネット上で意見を述べることを可能にした。ｇ０ｖに上下の階級差はない。そこには平等な参加者しかいない。ゼロガバメントの発起人のひとりである瞿筱葳は、過去にｇ０ｖを次のように表したことがある。

「この組織には規律というものがないが、極めて効率的だ」

そして2年の運用を経て、ｇ０ｖは大きな現実的問題に直面することになった。台湾のひまわり学生運動が、彼らの最大の実戦場となったのだ。

ひまわり学生運動が起きたあの日

２０１４年3月18日。この日、「海峡両岸サービス貿易協定」と呼ばれる法案が、怒号飛び交う立法院で強行採決された。この強行採決は、院外で抗議していた１００人以上の学生と社会運動家の強烈な不満を引き起こし、学生リーダーの林飛帆《リン・フェイファン》と陳為廷《チェン・ウェイティン》に率いられたデモ隊は立法院に入り、議場へと突入。台湾最高の立法府である立法院を、24日間という長期にわたって占拠した。世界に報じられた社会運動――ひまわり学生運動である。

この貿易協定を振り返ると、きっかけは、当時の馬英九総統が中国大陸と台湾のサービス分野での全面的な交流を目論んでいたことに行き着く。結果として台湾の通信、病院、旅行などの市場を中国資本に対して条件付きで開放することになる。この法案が強行採決される前に、すでに台湾と中国大陸の間には相当な数の協議が行われ、会談も持たれ、表面上は前向きな交流とされていたが、政府が経済的に過度に中国大陸に依存しようとしていることに、国民の間には徐々に不安が募っていた。

台湾のことわざにあるように、「すべての卵をひとつの籠に入れている」と、早晩、台湾経済の命脈を中国大陸に握られてしまう。サービス貿易協定が審議され始めた段階で、協議内容が完全に中国側に有利な内容だとして、多くの反対の声が上がっていた。仮に協定を強行すれば、対中両岸は経済体制が不平等な中、多くの産業が中国大陸に飲み込まれてしまう。中には、国家の安全に関わる産業や自由民主にも危害が及ぶとして、専門家が次々と疑義を呈していた。

当初、与野党間では、2013年9月に「条項ごとに審査」することで合意していた。抗議が激化する前にも約20回の公聴会が開かれていたが、内容は大部分が法令の宣伝に使われたもので、市民が問題を提起しても議論にならず、お互いが言いたいことを一方的に言い合う状態だった。

国民党は公聴会後、国民との間でコミュニケーションは図れたものだと思い込み、次々に審議日程を組んだ。3月17日には、立法院議場内で国民党と野党の民進党が激しい舌戦を繰り広げた。議席数で上回る国民党は、議長席からサービス貿易協定の審議を提案したいが、民進党が議員を動員してこれを妨害。双方で激しいもみ合いが発生した。

双方のやり取りが終わらない中、当時の国民党の立法委員（国会議員に相当）張慶忠が混乱の中で議長席のマイクを奪取。議場の隅で、「この法案は3カ月以上放置されており、すでに自動的に審査されたものと見られるため、審議を開始する」と宣言した。それから約30秒後、自身で「法案成立」を宣言。「条項ごとの審査」はまったく行われず、不透明な内容のまま国会を通過してしまったのだ。

しかし、もともとこの事件は、当日のニュースの一本でしかなかった。ネット上では多くの人が不満に感じても、失望を表明する以外なかった。翌3月18日、学生と社会運動家らが立法院外に集結し、サービス貿易協定成立のブラックボックス化に反対する抗議活動を開始した。

夜になり、興奮を抑えられない多くの学生は、立法院の正門から議場に入ろうとしたが、当局の強力な阻止にあってしまう。そこで一部の学生はあることに気が付く。立法院の横門であれば警備の数も少ない、もしかしたらそこから突破できるかもしれない。まさかこの方法が本当に成功するとは思わなかった学生や社会運動家らであったが、ここから次々と侵入に成功する。横門へ十分に警備力を配備できていなかった当局もこの流れを止めることはできなかった。

多くの学生は自分たちで用意したはしごで正門の他、立法院の2階にも昇り始めた。最後は当局の支援部隊が到着する前に、大多数のデモ学生が議場内への侵入に成功。そして議長席から「全面的に議長席を占拠した。審議を再開する」と宣言したのだった。

ひまわり学生運動は台湾の近代史上、初めてソーシャルネットワークサービス（SNS）を使って、社会の各階層に拡散された社会運動だった。台湾でこれまでに起きた伝統的な社会運動では、ビラを使った抗議や演説など、「陸軍」的な作戦が多かった。しかし、ひまわり学生運動では当初から情報メディアを利用した「空軍」的な作戦が用いられ、学生らの抗議の様子がテレビやネットを通じて国民一人ひとりの目に触れ、さらに多くの学生や社会運動家らを引き付け、支援が広がり、最後には組織化され、分業化されるに至った。

透明性への挑戦

当時の台湾の携帯はまだ3G通信の時代で、SNSソフトウェアによる実況中継もまだ一般的ではなかった。そのため、運動開始当初は情報に混乱が生じ、一時、当局が国会に入ったとか、デモ学生を逮捕したなどの噂が流れ、うまく整理されていなかった。タンとg0vはこのような状況を目の当たりにし、ある考えに行き着く。それは、人々の「通信権」を保障しなければならない、ということである。一旦通信の権利が保障されれば、デマも簡単には拡散されない。情報公開すればするほど、デマが生まれる機会は失われる。「Transparency」(透明性)。それこそ、g0vがこのデモ活動の中で世界に示したキーワードだった。どんな結果になろうと、少なくともすべての人々に真実を見せる。g0vのメンバーらは、この信念を持って抗議運動に加わって行った。

当時、ネット中継技術はまだそれほど一般的ではなかった。最初のころ、議場での抗議と衝突の模様は、ほとんどがテレビ局の報道によって全国に伝えられた。しかし、テレビ中継では編集や編成に時間を要する。当時の台湾はまだ3Gの時代だったが、テレビのカメラマンは常に「4Gセット」という小さなバッグを持ち、衛星中継のために良いシグナルを確保していた。だが、仮にカメラマンが4Gセットでずっと中継したとしても、一部の状況しか見ることができなかった。

視聴者の間で、徐々にいわゆる「情報格差」が生まれてしまっていた。g0vのメンバーはこの様子を見て、いずれ議場での真実と、外部が受け取っている情報との間に、ギャップが生まれるだろうと考えた。デモの1日目から、g0vのメンバーらは「穴」を掘り始めた。つまり、この情報格差の問題解決に動いたのだ。また、綿密に当番スケジュールを組み、メンバーが次々と抗議学生と連絡を取り、機材を持って現場に入り、セッティングを行った。

タンは、ひまわり学生運動が起きた翌日の3月19日、議場内の抗議学生らをどのように支援すべきか、g0vのメンバーらと議論を始めていた。まず議場内のネットワークの帯域幅が問題になった。抗議者の中には、タブレット端末で中の様子を中継する者が現れた。g0vメンバーはこれをネットカメラの形式に書き換え、共同文書エディタのHACKPAD（ハックパッド）にコンテンツを送り、HACKPAD上でデータのやり取りを行った。

当初百数人で始めた抗議活動は、ネット中継や従来のテレビ放送を通して、より多くの人々が目にするようになり、さらに多くの抗議者を呼び込むことになった。19日夜には、立法院の外には1万人を超える抗議の群衆がひしめき合っていた。

多くの人が驚いたのは、学生が1足のビーチサンダルに挟んで立てた1台のiPadで実況中継を行う光景だった。学生たちはまた、多言語でニュースリリースも配信し、世界中のメディアに今回の運動に関するニュース材料を送った。

20日に入り、運動も72時間になろうとしたころ、仮に戦いを続けるなら補給が最も重要になると考えたｇ０ｖは、後方支援と物資の補給に力を入れ始めた。議場内の抗議者が何を食べたいか、弁当と水は必要かなど、当時機能がまだ充実していなかったGoogle フォームで表を作り、ネット掲示板のＰＴＴの最下部に設置した。抗議者が表にリクエストを書き込むと、議場外の人々がそれらを運び込むのである。当時、議場外にはテントと寝袋を用意し長期戦に備えた抗議集団と学生が毎日数百人おり、外部からは支援金や物資が送られ、議場外には一時、至るところで物資の仮置き場ができていた。

その頃、タンとｇ０ｖのメンバーは、通信が増えてネットワークの帯域がだんだん足りなくなっていることに気付く。そのためアンテナを議場付近に設置し、WiMAX信号を議場内に送り、中で行われていることが確実に外へ伝わるようにした。

当時の状況は大変緊迫しており、パニックが起きているとも言える状態だった。たびたび警察が突入するとのデマが流れ、警察車両が立法院周辺に登場するたび、議場外で抗議を続ける人々をざわつかせた。

台湾の行政制度では、立法院内での警察の使用権は立法院長にある。そのため、時の立法院長・王金平がどのように考えているかは大変重要だった。王は、20日に学生らの訴えを聞いたと表明すると同時に、暴力的な手段で学生らを排除することはしないと約束した。間断なく中継された議場内でのすべての出来事はしっかり記録され、たとえ議場に行かなくても、外のすべての人々が中継を通して最新の状況を把握できる状態を作った。

このような中継技術が知られるようになると、注目度はさらに高まり、台湾島内を越えて世界各国のネットで中継されるようになった。そのため、21日には再び帯域がひっ迫する事態に陥った。タンとg0vのメンバーは、そもそも立法院には初めから良い基地局がないことを発見した。そのため、彼女らはUSBとネットワークを結ぶコネクタを20本以上議場に持ち込み、昔ながらの方法でパソコン同士をつなげ、Googleドキュメントでトポロジーマップを作成し、徐々に区域内のネットワーク量を増やしていった。

22日、議場の内外で緊張が続く中、抗議の学生リーダーたちは馬英九総統との対話を要求した。しかし馬英九総統はこれに応えず、5日目には初めて彼らの精神状態は極限に達した。抗議を続ける学生と社会運動家たちは、馬英九総統はすでに統治の正当性を失っている、と批判を始めたのである。

情報格差を解消せよ

時の行政院長の江宜樺は、22日に学生リーダーたちと対話することを決め、リーダーの林飛帆は議場外で江宜樺と1対1の話し合いを持った。江宜樺は、サービス貿易協定は引き返すことができず、またサービス貿易協定の施行を監督するシステムを新たに法律で定めることにも反対した。双方は共通認識を得ないまま、話し合いは物別れに終わった。

この頃、議場の中と外では、恐れていた「情報格差」が起きてしまっていた。警察が議場内に入り学生らを逮捕したとのうわさが流れ、議場外では抗議の人々の怒りは頂点に達していた。その後、林飛帆が、議場内では特に問題は起きていないことをわざわざ説明することになった。当時、タンとg0vのメンバーは、このような情報格差を解決するには、議場内の状況を知らせる、さらなる手段が必要だと考えたのだった。彼女たちは、投影設備と横断幕を準備し、外の抗議者や学生たちが、ネットの制限を受けることなく議場内の最新の様子を知ることができるよう設置した。

23日になり、馬英九総統は記者会見を開き、改めてサービス貿易協定の撤回はないことを言明し、また、抗議の学生たちはすでに違法占拠の状態にある、と述べた。これを聞き、議場外の抗議者たちの不満は爆発した。彼らの中には、中の学生たちはもっと積極的な行動を取るべきだと考える者も現れ、さもなければ自分たちもこのままではいられない、と言い始めた。

そして、抗議者たちはまさかの行動に出た。この日の夜、立法院から300メートル先の行政院に突入したのだった。行政院は台湾の行政最高機関である。当日はすでに警察官が配備されていたが、怒りに駆られた抗議者たちはこれを顧みず、ガラス窓を破って突入。その後多くの抗議者たちが警察と激しいもみ合いになった。

最終的には、江宜樺が警察による完全排除を断行し、24日5時までに6回にわたる排除を行った。排除の様子はテレビやネットを通じて中継され、国民に大きなショックを与えた。

この日、タンとｇ０ｖのメンバーは、すべての中継チャンネルを整備し、正式にg0v.todayのアドレスを開設した。この時から、このサイトでは随時さまざまな角度の中継映像を、視聴者が選べるようになった。中には英語による中継や字幕中継もあった。

議場内の抗議者の中には、タイピング速度が毎分１２０文字に達する者がいたため、タンとｇ０ｖメンバーは、特別に彼のための字幕チャンネルを用意した。彼は議場内の様子を直接文字にして伝え、議場外で支援を続ける抗議者たちが、文字でも情報を受け取れるようにした。

チャンネルを引き続き拡充するため、タンとｇ０ｖのメンバーはこの日、さらなる手段を採用した。新たな通信業者と契約することにしたのだ。旧国営の中華電信である（日本のＮＴＴのような会社）。しかも通常は申請に3～5日必要なところ、24日には設置工事が始まった。タンは後に、「彼らも中継が見たかったのだろう」と笑いながら語ってくれた。

24日、立法院ではブレーカーが落ちるトラブルが発生する。g0v.hackpad.comのページもダウンしてしまい、タンは後にこの日を、ひまわり学生運動の「最も暗い一日」と評している。この日のダウンで、ｇ０ｖのメンバーたちはWiMAXだけに頼るのは危険であることを認識した。中華電信の設置工事が終わるのを見計らい、議場内外で別々に運用していたネットワークを１つに統合した。

ひまわり学生運動の期間中、立法院の議場に入るには、通常なら立法院記者証が必要だった。それは新聞記者の理由なき特権のようでもあった。それまで国会は記者の出入りを厳しく制限しており、記者証を持たないテレビ局や新聞社の記者が議場に入るには、一日入場証を受ける必要があった。ｇ０ｖのメンバーが頻繁に議場内を出入りする姿は、オールドメディアの記者たちを戸惑わせていた。

市民記者証をアップロードする

しかし、台湾は２０１１年に憲法改正を行い、市民記者に対しても現場取材を行える権利を付与していた。ところが、当時の台湾では、こうした独立系メディアの記者の存在はあまり知られておらず、古い世代の記者の中には、「邪魔をしに来た」と考える者もいた。議場は終始人でごった返していたため、こうした記者が議場に入ることで、さらに混乱を来すと考えられたのである。加えて当時、多くの人が抗議行動は長くは続かないと考えていた。

そこで、タンとｇ０ｖのメンバーは、「公民記者証」（市民記者証）を制作した。証明写真をアップロードするだけで記者証が作成され、議場に入れるようにしたのだ。この記者証の右の方には、２０１１年に最高裁で示された憲法解釈原文が記されており、その気があれば、いかなる人も社会影響力を発揮し、記者証を身に付け、自らのメディアで報道できる。

必ずしもオールドメディアの報道に頼る必要はないのだ。この時から、g0v自身も独立的な性格を有するメディアとなった。

抗議の学生リーダー林飛帆や陳為廷らは、27日に記者会見を開いた。そこで、立法院占拠の期限延長と、3月30日に数十万人規模の大型抗議活動を総統府前で行うことを宣言した。事態はいよいよ収拾がつかない状況になったと見られていた。この時、立法院の外では、引き続き散発的なトラブルが発生していた。親中の政治団体がやって来て抗議したり、挑発的な行動を行ったりしていたのだ。

これらのトラブルでけが人が出ることを防ぐため、タンとg0vメンバーは他のプログラミング団体とも協力し、28日には立法院内のカメラを増やし、どの角度からも撮影できるようにした。何かが起きても、誰かが必ずそれを見られるようにしたのだ。

g0vのメンバーは、コンピュータ言語で議場内のネット中継技術を支えただけではなかった。サービス貿易協定を支持し、ひまわり学生運動に反対する人々まで支えたのだ。29日にg0vは、「白色正義連盟」という団体から、サービス貿易協定を支持する活動を開催するので、その中継をサポートしてほしいと依頼された。

タンは後にこう振り返っている。

「当時、私たちの中継チームは本当にその場に向かいました。なぜなら、私たちは中立の立場を取っていたからです。彼らが何か行動するのであれば、私たちもそれに応えるべきだと思いました」

「白色正義連盟」にとっては初めての中継だった。たとえ立場が完全に違っていたとしても、「透明公開」の堅持を最重要方針として掲げるｇ０ｖとしては、しっかり彼らに助力することにしたのだ。これまでの経験を踏まえ、どのように中継を行うべきか、テンプレートをすべて彼らと共有し、初めての中継をサポートした。

3月30日になり、ｇ０ｖのメンバーたちは、ひまわり学生運動で最大のデモ行進に遭遇する。学生側のリーダー林飛帆や陳為廷らは予告通り、数十万人規模の動員を行い、総統府前でサービス貿易協定に反対する集会を開催。2人は立法院から離れ、抗議会場へと向かった。ｇ０ｖはこの日のデモ行進の映像を、台北市だけでなく、ひまわり学生運動に関心のある台湾と全世界のすべての人々に届けた。

タンは後に、この時の経験をこう振り返った。

「総統府前の広い十字路に、４００メートルごとに大型スクリーンを設置し、コンサートライブのような形で映像を映し出した」

このデモ行進には50万人が参加したと言われ、ｇ０ｖはこの大がかりなネット中継に成功した。

学生たちの粘り勝ち

ひまわり学生運動の抗議のエネルギーは、3月30日にピークに達した。馬英九総統は、人々が公に意見を表明したこと、そしてデモ行進が平和裏に終わったことへの謝意を示したのだ。この発言で、デモ隊の一体感がピークに達した後、ひまわり学生運動はその後どのように進めるべきかをめぐり、難しい局面に遭遇する。当時、抗議は2週間目を目前にしており、参加者たちは体力的にも精神的にも、限界に達しようとしていた。

また、季節が変わって暑くなり始めたため、高温湿潤の気候にどう対処するかも、参加者の新たな難題になった。立法院外の人々の数も、次第に少なくなってきていた。当時、タンとg0vメンバーは、どのようにすれば彼らのモチベーションを維持できるのかを模索していた。そして結局、結論は同じだった。現場からより多くの人々に向けてインターネットを通した情報公開を行うことで、外にいる人もまるで現場にいるような一体感を得られる。それがモチベーションの維持につながる、と考えたのだ。

数万人の人々が集まった立法院外は、すでにネットワーク速度が大変遅くなっており、通信業者がいくら移動ユニットを搭載した車を導入しても追い付かない状況だった。

3月31日、タンとg0vのメンバーは「通行人ハッカソン」を立ち上げてこの問題を解決し、4月2日、すべての通行人（ネットワーク利用者）が公平にネットワークを利用できるようにした。3月18日にひまわり学生運動が起こって以来、多くの高校や大学では、立法院付近に教壇を運んで現地で授業を行っていた。

先生は学生に、社会学、哲学、ロジック弁証などの授業を講義する。違う学校から来ていても、学生たちは自分の好きな課目や先生の講義を聴講することができた。それは、この学生運動が教育的な意味も持っていることを表していた。g0vは、ネットワークを抗議参加者だけでなく、こうした授業を行っている先生たちにも開放して使用させた。

4月1日に入ると、ひまわり学生運動は持久戦の様相を呈した。抗議者と政府のがまん比べだった。サービス貿易協定が自分自身の身に与える影響を理解してもらうため、g0vは公式に新しいソフトウェア tisa.g0v.tw をリリースした。このページに台湾の企業登録番号、あるいは営業登録番号を入力すれば、ユーザーは自分の仕事がサービス貿易協定の影響を受けるかどうかを知ることができた。タンは、これはすでにあるデータを使い、ユーザーフレンドリーで、しかも分かりやすい方法で世に出したものだという。

すべてを明るみに出す

4月2日からは、「通行人ハッカソン」を使って、近くにある台湾大学ジャーナリズム研究所の講義フォーラムが自分たちで取材したストレートニュースを配信。タンとg0vのメンバーは、これらのニュースをg0vの中継チャンネルと統合し、付近にやって来た人々が g0v.public に接続すれば、すぐに見られるようにした。

今回の抗議デモは、単にサービス貿易協定の問題にとどまらず、多くの若者と抗議者たちが政府の法案に幅広い関心を持つ良いきっかけになった。そのため、g0vのメンバーたちは、billab.io というページを作成した。この簡単なインターフェイスからは、現在の法律と新たに成立した法律、まだ議会に提出されていない法律や、まだ成立していない法律が簡単に検索でき、ネット上で閲覧できる。

この機能によって、たくさんの若者が、「政府はこれから何をするつもりなのか」、「これらの法律や法案は、台湾人の今後の利益にどう影響するか」といった政治的な課題を知るようになった。若者に限らず、多くの人がこのプラットフォームを利用し、画像をキャプチャして簡単で分かりやすいネット広告を作成し、ソーシャルネットワークサービス（ＳＮＳ）上で効果的に拡散させるようになった。

４月６日、立法院長の王金平は、サービス貿易協定の法律を審査するシステムを作る前にこの協定の審議はしないと約束し、事実上の審議延長を表明した。学生と社会運動家の粘り勝ちとなったのだ。

４月10日にひまわり学生運動が終結するころには、ｇ０ｖに触発されて、他にも政府の政策制定過程がよく分かるホームページがいくつも生まれ、政府の政策に一段と興味を持つようになっていた若者たちの役に立った。

ひまわり学生運動は、これまでの台湾の社会運動から大きく抗議の方法を変えた。かつての運動や抗議では、抗議者は必ずと言っていいほど現場に足を運び、警察官や兵士らともみ合うのが通例だった。

しかし、２０１０年代になると、科学技術は飛躍的に変化し、ネットとＳＮＳの発達によって、多くの人がデジタル方式で政治に参画するようになった。２０１０年のアラブの春がまさに好例で、この大きな流れはアジアにもやって来た。ひまわり学生運動の24日間は、台湾人が自ら現場で抗議の意思を表明するだけでなく、現場の中継を通して、国民一人ひとりに最新の抗議の状況を届けることができたのだ。

情報のスムーズな流れと透明度を確保することは、タンがずっと強調してきた「ネットの中立性」そのものだ。そこで起きていることのすべてを明るみに出すことにより、衝突や誤解を防ぐことができる。これは、タンがネット運動に身を投じるようになった最大の目的でもある。彼女は、政治的な立場からこの運動に参加したのではない。この抗議行動を通して、いかにお互いがより理解し合えるようになるか。その実現のために、より適切な情報処理の方法を模索しているのだ。

実際、ひまわり学生運動では大量の情報が拡散されたため、一定程度のデマ拡散を防ぐことができた。また、問題が発生するとすぐにその原因が分かった。これは透明な情報公開がもたらした最大の成果だった。タンはこの時のことを、次のように振り返っている。

「ひまわり学生運動ではけが人が少なく、誰も行方不明にならずに済んだ。それが、たとえ百分の一でも私たちの対応のためだったとすれば、私は十分に役割を果たせたと思う」

民主主義を再定義した人々

ひまわり学生運動は、新世代の社会運動というだけでなく、台湾の民主主義の新たなステージを切り開いた。台湾の若い世代は、中国が絡む政策に最大級の抵抗を試みたのみならず、民主主義の再定義に関わったのだ。これは「事件」だった。

サービス貿易協定が議会を通過したと聞き、多くの若者は絶望の中にあった。当時の国民党は与党であり、立法院でも優勢だったからだ。１９８０年代から90年代に生まれた台湾人は、陳水扁総統の時代に多感な時期を過ごしたが、それはちょうど親中国派と台湾独立派の戦いの時期だった。

そのためか、彼らは政党がイデオロギーの対立に陥ることを嫌う傾向が強い。この世代は長年政治から距離を置き、社会福祉や経済についての関心も薄れていた。どんな政党が政権を取ろうと、どうせ政党の利益しか考えず、国民の福祉については真剣に考えないだろう、と肌で感じていたのだ。

ひまわり学生運動が起こった時、多くの若者が、「実はこんなにたくさんの人々が政治に関心を持っていたのか」と気づいた。それまでは、社会に不公平感を抱きつつも黙々と働き、政府の決定にはただ従うしかなかった。しかし、ＳＮＳの拡散力と呼びかけの力は、瞬く間に人々を力強く束ね、多くの若者に「とりあえず現場に行ってみよう」と思わせたのだ。

そのようにして、３月19日の立法院の現場には、何万人もの若者たちが集まって来た。当時、国民党は野党民進党が若者世代を「動員」したとして批判していたが、それはまったくの誤解だ。当時の民進党の勢力から考えれば、あれだけの若者を動員することは不可能だった。仮に動員できたとしても、せいぜい独立派の古い世代だけだっただろう。

こうした呼びかけがネットと結びつかなければ、決して成功することはなかっただろう。若者の間で流行した、「自分たちの国は自分たちで救う」という短くも力強いスローガンは、すでに運動3日目には、各種抗議の場で使われていたのだ。

タンとg0vのメンバーは、「市民ハッカーの精神」に基づき、この期間、透明な情報公開を若者に提供し続けた。同時に、台湾の若者に「政治は変えられる」ことを教え、未来は自分たちの手の中にあることを思い出させた。ネット中継を通して、当時の政治家や官僚の受け答えを示すことで、彼らがこれまで政治に無関心であったがために、政府はやりたい放題できるようになったのであり、責任は全国民にあることを自覚させた。

若者の多くは、ひまわり学生運動の壇上に上がり、台湾の未来の青写真について論じた。そして、中国政府の横やりで中国の経済植民地という立場に追い込まれれば、やがて台湾そのものが中国に呑み込まれる日もそう遠くはない、と説いた。

こうして台湾の若者が政治参加を始めた結果、2014年末の統一地方選挙では、与党国民党が歴史的な敗北を喫し、馬英九総統は国民党主席を辞任した。長年、国民党が統治していた首都の台北市では、政治の素人だった医師出身の柯文哲が無党派(民進党推薦)として出馬し、高得票で当選。初めての無党派出身の台北市長が誕生した。柯文哲は古代ギリシャの哲学者プラトンを引用してこう言ったことがある。

「政治参加を拒否することの代償の一つは、自分より劣る者の統治下に置かれることである」

柯文哲は当選した後、新たな「民主、自由、多元、開放」という4つの価値をあげ、台湾政治は新たな「透明性」の幕を開けた。彼はこう言った。

「政治はそんなに難しくない、ただ良心を取り戻せば良いだけだ」

この学生運動は20代から30代の若者を目覚めさせたが、実際にはすべての人が、自分の力で周りの人々や社会に影響を与えることができる。これこそ、情報が可視化されたネット社会が台湾に与えた新たな刺激だった。

ひまわり学生運動は、最終的に政府と学生が対話を行い、穏やかに終了した。だが、今回の出来事は政府に対して大きな警鐘を鳴らした。民意が明らかになった時に早めに対話できる方法があれば、このように大規模な社会運動を避けることができるのではないか。そう考えた政府は翌年、「道路ではなくインターネットを使おう」をスローガンに、米国ホワイトハウスの署名サイト「We the People」に倣い、議案を提出できるプラットフォームを設置した。これが、プラスチックストローの禁止法案につながった「ＪＯＩＮ」だ。

タンは、インドの英雄マハトマ・ガンジーの３段階の理論を信奉していた。

１つ目は「人々はあなたを無視する」で、新しい物事を始めると、往々にして人々から無視される。

２つ目は「人々はあなたを嘲笑する」で、これをやっても意味がなく、徒労と感じさせられる段階だ。

最後は、「人々は最初からそうだったように感じる」で、すでにその変化が人々の精神や文化に溶け込み、生活に入り込んでいる段階だ。

百年前、世界の女性はほとんど投票権を持たなかった。しかし、今は投票権も参政権もあり、国によってはリーダーを務めるなど、女性の政治参加はすでに「最初からそうだったように」自然なこととなっている。台湾では、２０１９年に同性婚に関する法案が国会を通過し、アジアで最初に同性婚が認められた国となったが、将来、アジア各国で同性婚は自然なことになっているかもしれない。

台湾の民主制度も同じだ。

かつて台湾の多くの若者は、国民党と民進党の激しい政争によって国に失望し、「台湾政治に無関心」になった。次に、政治に関心を示す若者を嘲笑するような時代があった。そして今、若者が政治に参加し、国に関心を示すことは、「最初からそうだった」ように当たり前のことだ。２０１６年から２０２０年の総統選で民進党勝利のカギを握ったのは、若者の票だった。

情報の可視化が人々の思考に与えた影響は、これほど甚大だった。２０１２年の政府のコマーシャルをきっかけにｇ０ｖが生まれ、２０１４年には社会運動に発展し、２０１６年以降は民進党の政権奪取に合わせ、タンがデジタル担当政務委員に就任した。以降も基本的にはこのサイクルの延長にあり、「市民が提案、国民が参加」の理念は、今でも台湾社会で「当たり前」の風潮となっている。

タンはかつてのインタビューで社会の健全性について、「（情報可視化によって）社会の正当性が高くなれば、国民の自主性も高まり、人々の市民自由度も高まって、社会がより健全になる」と語っている。民主主義社会の正当性は情報可視化の下で成り立ち、それが市民の自主性を高めるのだ。

タンが高く評価している言葉がある。台湾の科学技術の先駆者で、米国ジョージワシントン大学電信研究所で学び、長らくネットの中立性に関する立法を推進し続けた楊孝先の言葉だ。

「私たちが情報可視化の力を信じられるなら、その力で暗闇に打ち勝つこともできるだろう」

しかし、タンの言う情報の可視化は、言葉だけで実現するものではない。

「台湾と中国は同じ漢字を使いますが、意味や使い方が違います。例えば『透明』。台湾では『政府が国民に対して透明であるかどうか』という意味ですが、中国では『国民が政府に対して透明であるかどうか』になります。こういう言葉を討論に使う時私は、同じ言葉でも、カギカッコを使うしかないといつも思っています」

とタンは語る。

「デジタルでもそうです。デジタル技術の運用には、必ずその背後に哲学や価値観があります。台湾社会は自由で、国民一人ひとりの決定能力は高く、ゆえに社会はより健全です。デジタル技術の運用が正しい方向を向いていれば、さらに健全な社会を創造できます。

それに対し、中国のデジタル社会は健全でしょうか。

台湾と中国の間では、2つのプレートがぶつかって重なり合おうとするとき、地震のような揺れやきしみが絶えず生じます。これまでの経験で、台湾国民はすでに心理的な耐震性を高めているのです」

Episode 7　未来の世界を想像する

――未来はここにある。
まだ均等にいきわたっていないだけだ

ｂｙ　ウィリアム・ギブスン

デジタル政委の優雅な詩

ある時外国のメディアが、

「デジタル政委は何をしているのですか」

と尋ねると、オードリー・タンは自作の祈りの言葉を英語で披露し、仕事の内容を優雅に説明した。

When we see the Internet of things, let's make it an Internet of beings.
ＩｏＴ（モノのインターネット）があるなら、ＩｏＢ（人のインターネット）にしましょう
When we see virtual reality, let's make it a shared reality.
仮想現実を見るなら、みんなで共有しましょう
When we see machine learning, let's make it collaborative learning.
機械学習をするなら、人と人との協働学習にしましょう
When we see user experience, let's make it about human experience.
ユーザーとしての体験は、人間としての体験に変えましょう
Whenever we hear the singularity is near, let us always remember the plurality is here.
シンギュラリティの足音が聞こえるなら、私たちの「プルラリティ（多元性）」を決し

て忘れないようにしましょう

実は、これこそが彼女の目に見えているテクノロジーの未来なのだ。

天分に恵まれたタンは、子どもの頃から未来を空想するのが好きだったのだろうか？果たして彼女の目には、未来が見えていたのだろうか？

タンは笑いながら、自分はＳＦ小説が大好きで、子どもの頃はアシモフを好んで読み、ここ数年はテッド・チャンの作品を読んでいる、と答えた。ＳＦ好きであっても、彼女は今この時代を生きることを選び、今日一日について考えて生きているだけだ。

彼女は、「未来に変化が起こる」ことを願うなら、いま小さな変化を起こす必要がある、と考えている。つまり、今日の変化を試みなければ、明日の変化は起きない、ということだ。

タンは、ＳＦ小説家のウィリアム・ギブスン（William Gibson）の名言「未来はここにある。まだ均等にいきわたっていないだけだ」（The future is already here — it's just not evenly distributed）という言葉を好んで引用する。

この名言は、ギブスンが１９８０年代に仮想現実（ＶＲ、virtual reality）装置を身に着けた時に飛び出した。だが、当時のＶＲ技術はまだ黎明期にあり、体験者の多くが5分も経つと目を回すようなしろものだった。さらに、当時のＶＲ装置は非常に高価で、普通は大学の研究室などにあるだけだった。価格面でも技術面でも未熟なこの新しいテクノロジーが「均等にいきわたる」ことは、簡単ではなかったのだ。

しかし、テクノロジーは日進月歩だ。いまVR装置はより気楽な物になり、価格も安くなった。さらに重要なことに、技術が大幅に進歩し、VR装置を身に着けると、まるでその場にいるかのような臨場感が得られるようになった。VRはゲームに利用されるだけでなく、人々の生活体験を大幅に豊かにした。

高い共感力を持ち続けること

VRの最も特異な性質は、世代を超え、国境を超え、町を超え、共にそこにいるという「共感力」を形成することだ。だが、もしVRの世界にたった1人の人しかいなければ、それは一個人の空想となる。「共有して現実に」しなければ、お互いの理解と尊重を生む助けにはならない。

ある時、パリに出張したタンは、台湾公共電視の依頼でVR技術を使った記者会見に招かれ、台湾の児童生徒5人とリモート対話を行った。彼女は小学生と同じ背の高さの自分のアバター（分身）を作って、VRの中に登場させた。

そうすれば、子どもたちは大人の上から目線のプレッシャーを感じずにすむからだ。その36分間の対話の中で、タンは教育、政治、デジタルテクノロジー、トランスジェンダーなどについて自由に質問を受け付け、対話はリラックスした雰囲気の中で進んでいった。

また、VRは「協働学習」をより親しみやすいものに変えた。学習者は、さまざまな規模、言語、文化のもとで、従来の授業方法に縛られず、自由にお互いの意見を聞けるようになり、さらに重要なことに、このようなVR授業を通じて、生徒たちはより勉強に集中するようになった。

新型コロナウイルス感染症の拡大後、世界各国でもリモート授業の実施が加速した。しかし、リモート授業は多かれ少なかれ家庭のパソコン機器の状況によってその効果に差があり、「リモート難民」なる言葉まで出現した。日本でもリモート授業を実施していた学校は少なくなかったが、宿題や定期考査などは教師が試験問題を自宅へ郵送する方法を取っていたり、いかにすればリモート授業の効果を真に上げられるかは、現在でも試行錯誤の途上である。

タンは、リモートが効果を上げるには、まず時間をかけて、「共にその場にいる」という感覚を作り出す必要があると提案する。それはつまり、「同質性」を確立することだ。

子どもはその成長段階で、さまざまな事柄を調べるのが好きになるが、まだ本当に好きなことが決まっていないことが多い。そのような時期に、もしもずっと家の中に閉じ込もっていたら世の中から隔絶されてしまうので、やはりグループの中で成長する必要がある。学校という空間の中で、皆が同じ制服を着て、同じ給食を食べる。グループの「同質性」はそうやって確立される。

オードリー・タンが過去に参加したハッカソンのうち、「バーチャルハッカソン」も数回あった。その時、参加者はそれぞれの自宅から参加するが、工夫を凝らして「同質性」

を維持した。たとえば、参加者が皆同じピザを注文したり、同じ物を使ったりするといった工夫だ。参加者はそうすることで、異なる空間にいながらバーチャルな同質性を作り出せる。逆に、このような同質性を意識的に作らないと、会議は疎遠な雰囲気になってしまう。

リモート授業も同じことだ。たとえ自宅学習であっても、昼ご飯で同じメニューを食べる約束をしていると、お互いの感情はよりうちとけたものになる。もちろん、各課目と授業方法はすべて同様にはならないが、今後はＡＲ（拡張現実）やＶＲ（仮想現実）、２台の大スクリーンを結合する、といった方法を使い分けて工夫することができるだろう。

それぞれの課目が、知識、情感、議論などの特徴のうちどれを重要視するかによって、教師がこのような方法を使い分け、みんなが同じ空間にいるような感覚を作り出すことができる。これは今後のリモート授業で実現可能な方向性と言えそうだ。

80年代のギブスンの言葉に戻れば、当時ＶＲ技術が出現したことはもちろん驚きだが、ＶＲがごくまれな体験から日常生活に応用可能な技術となるまでには20年以上もかかった。そのため、たとえ未来に向けてテクノロジーが絶え間なく発明されても、実際に社会に応用するには、結局、常にテストが必要だ。テクノロジーを人間社会に応用するには、人々がお互いを尊重する「共感力」と、気持ちを分かち合う「同質性」に頼らなければならないのだ。

リモート学習の他にも、ＶＲは単なる楽しみとして、世代を超えた体験ができる。タンの祖母は、VRヘッドセットを装着してヨーロッパの風景を眺め、実際に旅行をしたように感じたという。

「高齢者にタッチペンを使ってプログラムを書けと言っても、恐らく難しいでしょう。しかしVRを使えば、現実世界と同じように感じることができます。そのために何かを学習する必要はほとんどありません」

楽しむことができれば、高齢者にもテクノロジーを身近に感じてもらえる、とタンは語る。

またタンは先頃、台湾のテクノロジー産業界と協力して、70～80歳の高齢者に、VRゴーグルを装着して彼らが若かった頃の街を歩いてもらった。彼らはVRの中で案内人となり、同じようにVRゴーグルを装着した若者と一緒に時空を超えて青春時代に戻り、年長者として若者に解説しながら当時の世界を案内した。

VR技術は、異なる年代の人たちにリアリティを共有させることができる。

「若者が高齢者に若かった頃の様子を尋ねても、高齢者がそれを語るのは難しいことです。それは、その世界がすでに存在しないからです」

とタンは言う。だが、VRの中ではみんなが仮想現実を通してその時代に戻り、体験することができる。お互いの垣根を取り払い、より同等の立場で触れ合うことができるのだ。

未来のテクノロジーの発展は、やはり期待するに値する。だが、テクノロジーを人間に適応させることが前提であり、人間がテクノロジーに適応するのではない。

たとえば、キーボードとタッチペンを比べると、後で発明されたタッチペンは、人間がペンでデータを書き込む形式により近い。現在人気の電気自動車は、静かである一方、エンジン音が小さくなったため、運転時に「現実らしくない」と感じる時がある。なぜなら人間は長い間、ずっと音を頼りに車間距離を判断してきたからだ。そのため、未来の５Ｇでは、大量のデータを送信して本物らしいエンジン音を作り出すかもしれない。その目的は、テクノロジーを人間の感覚器官の習慣と同期させるためだ。

新しいテクノロジーを導入しようとするなら、人々のニーズそっちのけで先進技術を競い合うのではなく、謙虚な態度を持ち続けなければならない。そのテクノロジーをどのように今ある人間の習慣に役立てることができるか。常にそう考えてこそ、スマートな技術が開発できる。

人のためのインターネットを

インターネット上の情報が増え続け、私たちは毎日多くの情報をダウンロードすることで、知的欲求や娯楽の目的を満足させている。

だが、もしずっと大量の情報に頼り続けていると、インターネットの世界では、「参加する機会」がどんどん減って、ただ受け入れることが多くなる。そうなると、一方だけの言い分を聞くことと同じになってしまう。

「もし、最終的にインターネットでラジオを聞いたり、テレビを見たりするだけになってしまったら、インターネット本来の機能と意義が発揮されなくなります」

成熟したインターネットユーザーは、情報を受け入れられ、またコンテンツを作り出せなくてはならず、また同時にアップロードとダウンロードのバランスと頻度を保つことも重要だ、とタンは語る。

現在は「モノのインターネット（ＩｏＴ）」の時代だが、大量に情報をダウンロードするのは、必ずしも良いことばかりではない。自分が必要とする情報だけを検索し、それが終われば、自分のスマートネットワークを使って何かを発表し、インターネットに貢献することも忘れないでほしいのだ。

人々がネットワーク社会の中で熱意を持ち続け、創作に参加すれば、人々はこの世界の未来の一部は自分が参加することで成り立ち、それが世界に拡散されていくと感じることができる。

「未来の創造に参加するだけで、すべてが予測不能ではなくなります」

タンは、人間が数千年前から創作を積み重ね続けてきたのは、恐れを克服し、未来をより安定させるためだ、と語る。

「こうありたいという未来を見定めたら、まず自分をこうなりたい自分に変えることです」

タンは、これからは同じような主張を持つ友人たちとグループを作り、その変化の優劣をありのままに社会に知らせ、社会がイノベーションを生む機会にしたいと語った。

シンギュラリティをどう迎えるか

テクノロジーの発展に関する論考にはたいてい、人工知能が人間の知恵を超える日がやってくる、と書かれている。科学者たちが言うところの「シンギュラリティ（特異点）」が到来するというのだ。

しかし、未来の人工知能は社会の主役ではなく、あくまでも補佐的な役割を演じるのであり、

「人工知能は永遠に人間の知恵に取って代わることはない」

タンはずっとそのように考えている。

タンは同時に、シンギュラリティがいつ到来しようと、目の前には人々が抱える問題がたくさんあるので、テクノロジーと人間の思考力を掛け合わせて、常に対策を探し出さなければならないことに気付いている。ここに「プルラリティ（多元性：たくさんの要素で世界が構成されていること）」があるのだ。

台湾と日本は未来のテクノロジーについて、図らずも同時に、しかし各自の特徴を持つ、「サステナブル、イノベーション、寛容」という価値観を打ち出した。かつて日本政府は、2016年に「Society 5.0」というコンセプトを提唱した。少子高齢化問題において、ネットワークテクノロジー、ロボットテクノロジーを使って、新世代の複合社会を創造するというものだ。一方、台湾も少子化に直面している。だから、互いの方法を参考として切

磋琢磨すれば、より進化した社会への新たな論考を共創することができる。

日本の地方創生の考え方は、タンに大きな啓発を与えた。

東日本大震災から8年が経った2019年3月11日の前夜、タンは東京を訪れていた。彼女は東京のスーパーマーケットで福島を応援する農産品を見かけて思わず応援しようと購入し、原発で大きな被害を受けた福島県産の干し柿を味わい、日本語で「激旨～」と称賛した。

タンはその後、当時を思い出してこう語った。福島は地震の被害を受けただけでなく、非常に多くの人がその後、他の県や市に転出してしまった。このような転出も一種の被災といえる。そのことがよく分かった。しかし、福島の農家の人々はあきらめなかった。地元に留まり田畑を耕し、柿や干し柿で新たなブランドを作りだし、福島への支援を求めている。このような人と地元の「きずな」に彼女は深く感動したという。

日本は現在、地方創生にRESAS（リーサス）システムを導入している。農林水産業の各データ、人口動態や教育などに関するビッグデータを、マップやグラフに可視化するシステムだ。これを使えば、地方行政について議論する際に、ぼんやりとした印象や断片的な記憶に頼って政策を寄せ集めるのではなく、事実に即した議論ができる。これが日本政府の「証拠に基づく政策立案」の知恵であり、台湾にとっても大いに参考になる点だ。

台湾では、台湾各地に置かれたエアボックス（大気汚染モニタリング装置）で空気の質を分析し、PM2・5による大気汚染指数をリアルタイムでモニタリングしている。この装置は、人工知能、ビッグデータ応用、ネットワーク通信の機能を結び付けた小型の大気モニタリングステーションで、地域の人々は、自宅から最寄りのエアボックスをチェックし、LINEのチャットボットを通して自分の携帯電話にデータを転送できるようになっている。それによってその日の大気がきれいかどうか、外にジョギングに出かけられるかどうかを知ることができるのだ。

もともと学術界で提起された計画だが、装置が置かれるとどんどん話題になり、台湾政府も関心を寄せ、予算が組まれ、装置の置き場所が次々に提供された。シビックハッカーコミュニティのg0vと環境分野の研究者も情報ネットワークの構築をサポートし、現在全台湾で6000以上のエアボックスが空気の質を常時モニタリングしている。これは学術界と民間企業によるイノベーションを、政府がフォローした実例である。

「政府がまだ始めていないことを、民間が先に始めることもできます」

とタンは言う。「政治」に携わると言えば、何か壮大なことをしているかのように聞こえるが、実際のところ政治は「人々の問題の処理」である。たとえ単純に地域の事柄に関心があるだけであっても、地域を愛する友人たちが集まり、共に問題解決にあたれば、それは人々が政治に携わったことになるのだ。

地域の中で住民たちが、世代を超え、文化の違いを超え、お互いの声に耳を傾け、理解し合いさえすれば、共通の価値を見出し、問題解決のためのガバナンスが実行できる。そして、成功した事例があれば、それは地方から中央政府へと逆流していく。そうなれば、皆が見たいと望む未来が出現するだろう。オードリー・タンは未来を、そのように見ている。

テクノロジーがもたらすのは民主化か、独裁化か

テクノロジーは人間社会をサポートするが、それが度を超えると、独裁政権に悪用されるなどと心配する人もいる。

たとえば、腹に一物ある国家がスカイネットや顔認識システムといった技術を利用し、街中の至る所に監視カメラを設置して市民の一挙一動を捉え、そのデータを常時中央政府に送って分析する。また、信用評価を設定し、信用が低すぎる人は列車や飛行機などのチケット購入が制限される、といった具合だ。

中には、そうすれば犯罪予防になるだろうと考える人もいるかもしれないが、多くの人がこのような「テクノロジーによる監視」は全体主義の現れであると心配する。高度なテクノロジーも、悪用されてしまうことがあるのだろうか。

テクノロジーは、信じる価値に向かって進む人々を、完璧に迅速にサポートするものである。全体主義を信じる人ならば、確かにテクノロジーを使って完全な監視を行うだろう。だが、そのような極端な状況に陥らなければ、テクノロジーそのものを「善」だ「悪」だと決めつけるのは慎むべきだ、とタンは考えている。

「歴史上、女性に投票権がないことを皆が『善』だと考える時代がありました。また特定

の人種に投票権がないことを『善』だと考える時代もありました。現在の私たちにしてみれば、どちらもあり得ないことです」

とタンは言う。テクノロジーは人々が本来信じている価値を増幅（エンパワー）する。だから、公共のことについて政府が事務処理を行うに当たっては、多くの人々がオープンな状況で参加し、議論し、監督できるシステムを、各方面のステークホルダーが構築する必要がある。そうすれば、テクノロジーは社会が民主の価値を深めるのをサポートする。それがタンの考え方だ。

また、ガバナンスの過程で得られた信用するに足るデータが、政策立案の根拠になることが、民主社会を進化させる鍵となる。

「衆知を集めて有益な意見を広く吸収し、さまざまな客観的データを用いて各方面で協議する。そしてデータを持続的に共有して公正性の価値を明らかにする。そうすれば、徐々に高い素養と強い信頼感のある社会が作られるでしょう」

とタンは語る。

小学生の時、ドイツに1年間住んだタンは、大人になってからは、よく飛行機で国際会議にも参加している。タンの頭の中には、子どもの頃に祖母と話していた台湾語、現在最もよく使う中国語と英語、子どもの頃ドイツで学んだドイツ語とフランス語の5種類の言語データベースが入っている。

このような文化横断的な体験によって、タンは、人々は国籍を持つと当時に「世界国家」の一員なのだと実感した。人はそれぞれこの世界のどこかに居場所がある。独立した世界座標を持っていれば、出身地の文化や国籍による制限を受ける必要はない。

「もし一人ひとりが自主的に考えることができれば、この社会には多様性が生まれ、1つの意見によって何かが決定されることなく、継続的な検証に耐えられるでしょう。そうなると、社会に新たな衝撃が生じた時、完全に打ちのめされることもありません」

とタンは語る。

タンにとってブロードバンドは人権であり、民主は信仰だ。そしてネットワークは彼女の魂が宿る場所である。毎日欠かさないことは瞑想であり、瞑想する時は、VRヘッドセットを装着し、仮想現実の中で宇宙に遊ぶという。

「VRヘッドセットを装着すると、バーチャルの旅が私を国際宇宙ステーションに運んでくれます。そこから地球を見ると、国境は見えず、地球は宇宙の中の小さくか弱い存在であると感じられます。そうして、気持ちがゆっくりと落ち着いていき、静まった後、自分がより良い人間になったように感じるのです」

これが、彼女が真に見たい未来なのかもしれない。それは、テクノロジーとネットワークによって、世界がより平和に、より幸福になった光景なのだ。

Q&A　唐鳳召喚
オードリーに聞いてみよう！

ここまでのエピソードについて、
さらに知りたいところを唐鳳本人に直撃！
未来を変える思考法や、
何事にも打ち負かされずに生きる秘訣を聞く

About Episode 1：
35歳のＩＴ大臣

――今回の新型コロナウイルス感染症を、プラスの面からどのように読み解きますか。

世界中の人々が同じ舟に乗り合わせた仲間であり、考え出された解決策は、みなが進んで世界と共有しています。世界中の人々が共に呼吸し、同じウイルスで病気にもなります。国境や民族で区別はありません。

世界中が運命でつながっていることを、多くの人々がついに深く理解しました。

――デジタル政委の任期内で、どのようなことをご自身の努力で変えたいと思いますか。

私の仕事は自分が変化を起こすことではありません。誰かが何らかの変化を生み出した時、それがデジタルトランスフォーメーション（ＤＸ）であれ、持続可能な移行（サステナビリティートランジション）であれ、その変化が起きた時から拡散しやすくなるようにすることです。言い換えると、私はその考え方を増幅（エンパワー）し、拡大させるだけです。

すべての物事は変化し、変化するということだけが不変です。これは『易経』の考えですが、私は、社会の各界の人々が、私たちが現在経験している変化を理解できるよう手伝いたいと考えています。

――あなたは世間が認める天才ですが、世間の人は「天才にできないことはない」と考えます。あなたには困難と思えることがありますか。

問題に「打ち負かされる」ことと、「打ち負かされない」ことの違いは、急いで解決しなければならないという時間的プレッシャーの中でのみ生じます。

困難にぶつかった時は、その問題と付き合っていく必要があります。長期間付き合うことができれば、問題に打ち負かされることはありません。なぜなら、問題と共生する方法を探し出すことができるからです。

――自分の感情はどのように管理していますか。

どんなプラスやマイナスの感情も心の中に空間を1つ作り、その感情を詳しく描写できるようになるまでそこに入れておきます。過度にプラスあるいはマイナスな気持ちも、時間をかけ、苦しくも楽しくもない境地に到達するまで付き合えばいいのです。

プラスの感情には困らせられることがあります。例えば1つのことに夢中になり過ぎると、他の人が反対した時に受け入れ難く感じます。いったん自分が正しいと思ったら、他人の意見を排除しがちになります。

マイナスの感情は、それを精神のマッサージだと思うようにしています。人にそこを押されると痛いのは、心の中のつかえがまだほぐれていない証拠です。

そんな時、私のやり方はとても簡単です。例えば、私の名を挙げているネットユーザーのコメントや意見で、パソコンをぶち壊したくなるような文字を見ることがあります。でも叩き壊すことはしません。パソコンは高価ですから。

こうした時は、聴いたことのない音楽をかけたり、飲んだことのない味のお茶を入れたりします。これはとても簡単です。2種類の茶葉を1杯のお湯に入れ、少し待つだけで、新しい組み合わせの味が出来上がります。それから気持ちが少し収まるのを待ち、それらの文字のことを考えながらお茶を飲み、初めての曲を聴くのです。

怒りを覚えたら、その感情がまだ心に引っかかっていても、自分が楽しいと思うことをすると、感情がシフトする。それがこの方法のコンセプトです。

それ以降、同じ文字を見たらすぐに「これはごぼう茶とミントティーを混ぜて飲んだ味だ」とか、「あの曲の一節だ」という具合に思い出します。するとすぐに怒りが愉快な気持ちに変わるのです。

この精神マッサージは、その日十分な睡眠を取るだけでよく効きます。目が覚めると脳内に新たに長期の記憶ができており、以降は誰が私に向けてその類の文字を書いても不快に思うことがなくなります。

そうなれば、コメントを残した人に対し、事実に即した対応ができるようになります。もし書き手の文字が誰かのコピーではなく個人の経験からのもので、しかもその人自身の一貫した立場と一致していたら、コメントの中の一部だけを選んで回答し、その他の部分は完全に見なかったことにします。

通常、その方法ですぐにネットユーザーと良い対話ができるようになります。私がいる社会創新実験中心（ソーシャルイノベーションラボ）にその人を招き、一緒に食事やおしゃべりをすることさえあります。

About Episode 2：
天才児童

――子ども時代の家庭教育で、人生に最も大きな影響があったのはどんなことでしょう。

父からは、どんな権威も信じないように教わりました。母からは、個人的な感じ方でも、文字にすれば他人と共通の感情が生まれるという意義があることを教わりました。

――幼稚園と小学校は、合計で9カ所も通ったとのことですが、どうしてですか？

毎年転校していれば、夏休みの宿題をしなくてもいいからです（笑）。

学校はみんなを同じコースで競争させます。普通は高校の頃にはおそらく2つか3つのコースに分かれますが、やはりみんな自分と近くの人を比べるしかありません。学生は、コースを外れてもっと高いところ、あるいはもっと違う景色が楽しめるさまざまな別の場所へ行くことはできません。

ルートが固定されているから、勝者と敗者が存在するんです。でも、社会に出ると、そういう勝ち負けによってみんなの能力が規定されるわけではないと分かります。

幼稚園は3カ所、小学校は6カ所行ったからでしょうか、私にはそうしたコースは作られたもの、与えられたものに思えます。誰でも、最後に行く道は与えられたコースではなく、自分の命の赴く方向なのです。その道は、山あり谷ありかもしれません。曲がりくねっているかもしれません。誰でも、自分の行く道の上ではギフテッド（天から与えられた才能＝天才）なのです。

誰もが他の人とは違います。

みんな同じというのはある種の幻想です。私はその幻想から早く覚めたというだけです。

――小中学校の教育がどのような方向に発展すれば、子ども時代のあなたは学びたいと思いますか。

現在、台湾の国公私立学校で行われている「教育実験」と、民間のホームスクールでの「実験教育」は、すでにシナジー（相乗効果）を生んでいます。今ではより自由な学習指導要領と学習方法があり、一般の公立学校でさえ、子ども時代の私のように1週間に3日間しか学校に通わない生徒でも問題ありません。

ほかにも、多くのホームスクール団体が用意したさまざまなプログラムは、いずれの選択も合法です。法律の後ろ盾があるので、私が子どもの頃にあってほしかった変化はすでに起こっていると言えます。

About Episode 3：

独学少年

――家で独学するということは、自分1人で学ぶんですか。

小さい頃、私が独学を始めた時には、まだウィキペディアもなくて、オンラインの『プロジェクト・グーテンベルク』を読んでいました。すべて第1次世界大戦以前のパブリックドメインの本ばかりで、内容に共通しているのは、楽観的だということでした。ただ、当時の時代背景は理解できませんでした。例えば、なぜダーウィンは旅に出たのか、とか。ですから後になって、知識というのは文字を読むだけではだめで、グループで研究することで、そうした知識を当時生んだ近代思想、哲学、歴史を知る必要があると分かりました。それで、家の近くにある大学へ聴講に行ったんです。独学する時は、友人がいればみんなで討論できます。ああ、そういうことなんだと思って、その後また本に戻ればみんな分かりやすくなります。

自分で勉強することのメリットは、他の人に見つけられないものを見つけられる、ということです。これはとても重要で、そうでなければ付和雷同するだけになります。誰かが言ったことに同調するだけでは、自分がありません。でも、誰かとシェアできることも重要です。

大学の段階であれば、学習の重点はどの分野を勉強するかではなく、将来どんな問題を解決したいか、どっちへ行きたいかということです。たとえば、空にはもう名前のついた星座がたくさんあるけれど、今後どの方向へ行くかを考えさえすれば、そばにあるすべての星が材料になります。それをつなげれば、宇宙で唯一無二の、自分の星座になるんです。

――今後の実験教育で試してみたいことはありますか。

実験教育は高等教育に拡大してもよく、そうなればとても面白いと思います。今は文化や空間、世代を横断した学習モデルがあり、ミネルバ大学のように複数の都市にキャンパスを持つ実験大学では、特定の年齢の学生を募集するのではなく、同じ研究テーマに興味がある人たちを共同の学びに向けて募っています。そのため、年齢差が30歳から50歳あろうとも、若者とシルバー世代がクラスメートとなり、共に研究に従事しています。

――新しいことを学ぶ時の秘訣は何でしょう。

「新しい習慣を作る」ことを習慣にすることです。たとえば外国語の学習で学ぶ言語の種類が多ければ多いほど、コツをつかめば学ぶのが容易になります。意識して新しい習慣を作ることができれば、こうしたこともどんどんうまくなっていきます。

ただ、普通は新しい習慣は一度に１つ作ればよく、いっぺんに多くの習慣を作ってはいけません。「禁断症状」が出て、なかなか成功しなくなるからです。

科学的な研究によると、新しい習慣を１つ作るには一般的に約２カ月かかります。難しいように思えても、決心して実行すれば、１年で６つの新しい習慣を作ることができます。たとえば、コロナ禍の間、私は新しい習慣を１つ身に付けました。徒歩での通勤です。仕事用のパソコンをオフィスに置き、朝起きて仕事があれば、家から15分のオフィスまで歩いて行きます。退勤後はオフィスにパソコンを残し、歩いて家に帰ります。

歩いていると、私と話したい人から話し掛けられることもあります。そういった人と話すために、毎日少し時間に余裕を持たせました。そうすれば、今でも毎日多くの人と接することができ、人に遮られることを心配しながら急いで通勤することもありません。これが最近、かなり意識して身に付けた習慣です。

About Episode 4：
メンターそして仲間たち

――少年時代の友人から、その後の人生にどんな影響を受けましたか。

主に平等で自由なコミュニティの雰囲気から影響を受けました。誰もが年齢や性別にかかわらずコミュニティに貢献でき、共通の価値のために仕事ができるという雰囲気です。

――職場というのは、どんな場所であってほしいと思いますか。

どんなときも、自身の感覚から離れずに判断して実行できる場所。

――顧問の仕事をしていたとき、時給が1ビットコインだったそうですね。

最初は確かにそういう計画でした。でもその後、Appleやオックスフォード大学出版局からビットコインは価値が上下するので会計上処理が難しくなると言われて、それからは契約時のビットコインの価格を現地の通貨に換算して計算する方式になりました。

――政委に就任する前に、ビットコインなどの仮想通貨に投資したことがありますか。それで稼いだ経験がありますか。

ビットコインというのは興味深い概念で、実験的なアイデアだと思います。もし、誰かが私に本当にビットコインを支払うとすれば、間には銀行の国際送金や両替がなく、為替差額の問題も存在しません。2、3日待ってやっと入金されるということもありません。

でも実際は、かつて顧問をしていたとき、大きな会社でもビットコインでの費用の支払いはできませんでした。財務会計の実務上、難しかったからです。

ビットコインは確かに価格の起伏が大きいですが、以前からビットコインを投資、資産運用のツールと考えたことはありませんし、自分で保有したこともありませんし、単に「非中央集権型の分散型台帳技術」の実践モデルと見なしています。

――現在、たくさんの子どもがプログラミングを学び始めていますが、プログラムを書くコツは何だと思いますか。

興味のある問題を見つけて、解決することです。プログラムを書くためにプログラムを書くのではなく。

まだ小さな子だったら、先にデザイン思考（Design thinking）に触れてから、計算論的思考（Computational thinking）を学ぶことを勧めます。デザイン思考とは、主にさまざまな考えを持つ人々に、何らかのシステムについての想像を聞いて、その後だんだんに共同の願望へと集約させていくものです。

計算論的思考はどちらかといえば、すでに共同の願望を持った上で、どのように実践してその願望を各人のもとに送り出すのかということです。台湾では「プログラムデザイン」と言いますが、実際には「デザイン」が先、「プログラム」が後であるべきです。

――ソーシャルエンタープライズを設立しようとする若者に何かアドバイスはありますか。

ソーシャルエンタープライズは経済的手法によって社会的な問題を解決しようとするものです。特に、教育、食品安全、循環型経済の３つの領域は、みんなの関心を引きやすく、社会を動員する力も強くなり、デジタル技術も助けになると思います。
また、私が見た中では、若者が年長者や経験豊かな先輩とともに創業すると成功しやすいようです。両者の人生経験を補い合えるからです。

About Episode 5：

性別を超えた人たち

——トランスジェンダーに対する無理解や疑問、ひどいときには攻撃には、どのように向き合っていますか。

特別な方法はありません。相手の具体的な疑問は何かということによって、議論が可能なら議論します。疑問を持つことがその人の関心の表われであるなら、そのような好奇心はよいと思います。なぜなら、それはお互いに共有できる部分があることを示しているからです。相手に好奇心がなければ、議論の余地もありません。

——ジェンダー・アイデンティティがより多様な社会では、現在とはどのような点で変化があるでしょう。

個人の運命が、その人の生理的な性質によって決まらなくなる点です。

——日本のトランスジェンダー、ＬＧＢＴの人たちが現状を変えるには、どのような努力をすればよいでしょう。

まず現状をどのような形に変えたいかを考えることです。

台湾の特色は、各世代の考え方を総合して、満足はできないが受け入れ可能な方法を探し出したことにあります。代表例の「結婚不結姻（婚を結び姻を結ばない）」は、革新的な法的見解と言えます。登記婚は結婚する双方の権益を保障する一方、双方の家族には関与しないため、叔父、叔母など、性別によって異なる民法上の親族呼称を避けることができます。台湾ではゼロサムの問題が起きると、議論を通じて、さまざまな立場の人が共に得るところがあるような解答を探し出します。

About Episode 6：

シビックハッカーからハクティビストへ

――社会運動に対するあなたの情熱は、どのように培われたのでしょう。

恐らく両親が、政治や市民の社会参画に関心があったせいでしょう。私も両親と一緒に初期の社会運動に参加していました。

私の母は、主婦聯盟環境保護基金会の創設に参加していました。そのため、小学校1、2年生の頃、授業以外の時間で時々、母に付いてゴミ埋立地を見学し、廃棄物の利用について関心を持ちました。家でも主婦聯盟の生活協同組合で共同購入した米を使っていました。ですから、私は社会問題に関心のある家庭で育った子どもだったと言えるでしょう。

――ひまわり学生運動では、どの部分に参加したのですか。

2014年3月、当時私は自分が創業したSocialtext社のチャットルームにいました。

その日、ある外国籍エンジニアとのチャットで学生が立法院（国会）を占拠したことを聞き、すぐさま、

「民主が私を必要としている！　これから数日間はたぶん出勤しない！」

と言ったのを自分で覚えています。今思い返すと熱過ぎて「中2病」みたいですね。

その前年、私はマニュエル・カステルの『怒りと希望のネットワーク（Networks of Outrage and Hope : Social Movements in the Internet Age）』を読んでいたのですが、そこには社会運動における通信メカニズムについて書かれていました。以前から彼の理論が好きで、一部を翻訳して自分のブログに載せたこともありました。

カステルは本書で、「ウォール街を占拠せよ」や「アラブの春」といった運動ではネットワーク・テクノロジーが大きな役割を果たしたと述べています。それを読んでいた私は、これを実践しようと決めました。

当時立法院を占拠していた人たちには、自分たちのアクション・プランがありました。現場には占拠していた学生のほか、法律上の人権を保障するために自発的に来た弁護士グループや、健康の権利を守るために進んで来た医師や看護師のグループがいました。

一方、私たちは技術の専門家として、自発的に通信権を確保していました。通信権さえ確保できれば、残るのは実際に運動に参加した人がその運動をどこに導きたいかという問題だけです。

しかし自由な通信の権利が保障されなければ、うわさや陰謀論が原因で、しっかりと議

論できない状況に陥りがちです。コミュニケーションは誤解や邪推を減らすことができます。端的に言えば、死傷者を減らすこともできるのです。

――学生運動の最中、あなたは毎日現場にいたのでしょうか。

私は毎日現場に行きましたが、立法院の中に入ったのは、ネットワーク・ケーブルを持ち込んだ1日だけです。外にいた人たちは、警官が中で人を殴っているといううわさを聞いて、突入しようと考えていました。そこで学生運動のリーダーだった林飛帆《リン・フェイファン》がその後有名になったカーキ色のジャケットを着て現れ、

「中では何事も起きていない。警察は入って来ていない」

とはっきりと述べたのです。そのことが深く印象に残っています。

私はその時痛切に感じました。うわさは、真実よりも格段に速く伝わる。私たちのような、情報や通信について学んだ者ができることは必ずあると。

――今回の学生運動は、台湾民主の姿を変化させ、皆が「政治に参加するのは当然のことだ」と考えるようになったのではありませんか。

立法院占拠が支持され始める数日前、人々の気持ちは張り詰めていましたが、その後はどんどん楽しい雰囲気になっていきました。人権や男女平等といった別の主張をするブースも増え、近くの通りにまでずらりと並びました。最後は、現場でDJが『KANO 1931海の向こうの甲子園』を放映し始めました。

その後のひまわり学生運動はさながら「民主夜市」のようで、1分でも、1時間でも、

1日でもよい、さまざまな主張をしているブースを見て回るために参加することができる、と言った人もいます。これはまさにこの学生運動の安全性と多様性を証明しており、以降、こうした社会運動の垣根が、越えられないほど高くなったことはありません。

若者から見れば、元は少数の人たちの厳粛な議題が、突然クールで、参加すると実に面白い出来事に変わったのです。悲劇ではなく、このような楽しさが台湾の民主主義の深まりにおける基調となりました。

――今回の運動の最大の意義は何だと思われますか。

全過程を通して、立法院周辺で死傷者が出なかったことです。これは静かな革命です。

ひまわり学生運動を通して、最初は「専門的すぎて一般庶民は議論できない」または「利害関係が多く、しかも多方面から異議がある」と思っていた議題でも、実はネットワーク界の利害関係者のガバナンスモデルを運用することで議論が可能になり、共通認識を得ることができるということを、人々が理解しました。

これにより、政府の官僚システム全体で民主主義の価値の理解が進み、またより民主的なガバナンスへのモデルチェンジの機会ができました。

――アジアの中での台湾の現状をどう認識していますか。

台湾は新石器時代にはすでに中国とは分離されています。台湾はユーラシアプレートとフィリピン海プレートの境界部分に位置し、今でもぶつかって押し上げられています。玉山もそのようにして毎年2センチずつ高くなっているそうです。私たちは未来も上昇し続けるでしょう。そうしたら星でも眺めましょう。

About Episode 7:

未来の世界を想像する

――目に見える将来、どのようなイノベーティブな考え方や方法が、社会に応用できると思いますか。

私が主催責任者を務めている総統杯ハッカソンで、公募でチームを選出するのに採用しているのが二次投票法(QV Quadratic Voting)です。

このイベントでの二次投票法のルールは、各投票者が99ポイントを保有し、投票できるのは1人1票に限らないというものです。ただし、投票するポイントは票数の二乗でなければなりません。

ですから、1票を投じる際には1ポイント、2票を投じる際には2×2=4ポイント、3票を投じる際には、3×3=9ポイントを消費します。以下同様にポイントがなくなるまで投票できます。

例えば、50の候補のうち10の案を選出するとして、もしとても気に入った案があれば、99ポイント保有しているので、その案に最大で9票を投じることができます。そうすると9票で9×9=81ポイント消費します。しかしあと18ポイント残っています。無駄にしたくなければ、他の案を見ていくつかに投票することができます。そうすれば、別の優れた案にも他の案との差をつけることができます。

この方法では、投票する人が自分の望む投票の組み合わせを考えることができます。また分散投票であるため、自分が投票した複数の案のうち1つでも選出されれば参加意識を感じることができます。

2019年には、米コロラド州の下院も二次投票法で予算配分の議決を行っています。こうした投票方法が、公共政策に応用されていることが分かります。


――国家間の関係について、今ある政治的な交流、民間団体の交流の他に、もっと友好的で多元的な交流として、どのようなものがあると考えますか。


現在、全世界が多くの重大な課題に直面しています。たとえば、今回の新型コロナウイルス感染症、あるいは気候変動、フェイク情報などはいずれも各国にとって同様に脅威となっています。時には、グローバルな利益が、ある国の利益と相反します。ですから、「国家」という概念は、こうした永遠の課題にとっては何の助けにもならず、むしろ衝突を引き起こしやすいのです。

現在、多くの国に活動中のシビックハッカーコミュニティがあります。シビックハッカーはさまざまな分野の専門を結びつけて、人工知能やビッグデータをソリューションに組み込んでいます。彼らが提供する答えは、各国の参考となるものです。

台湾で言えば、2018年の第1回総統杯ハッカソンでは「台湾自来水公司（水道公社）の配管からの水漏れを改善する」という案が受賞しました。ほとんどの人は、毎日蛇口をひねって水道を使っていても、水道管から漏れる水の量が年間でダム何基分にもなることを知りません。地下水道管からの漏水が半分を占めますが、地下の漏水検査は非常に難しいことです。

そこで、台湾自来水公司と学術界がチームを組み、ビッグデータのプラットフォーム構築と、機械学習によるデータ分析というより科学的な方法で、漏水箇所をさらに素早く発見し、漏水の可能性を予測しようとしました。

この点検システムは、従来と比べて時間を90％以上節約し、現地で漏水箇所を探す範囲も以前の90平方キロメートルから1〜2平方キロメートルに縮小しました。過去には漏水が2カ月後にようやく発見されることもよくありましたが、今では1〜2日で発見でき、15分前に事前警報を発することさえできます。

その後、この受賞チームはニュージーランド政府の交流活動にも招かれ、水資源の保全に関する技術を共有しました。

このほか、台湾の先住民族のコミュニティが植えたサボンソウから、ブランディングを経てアヴェダ（AVEDA）に似た優れた質感のコスメ製品『Blueseeds』を作り上げました。私はこの経験をカナダで先住民族について管轄する公的職員と共有し、これも大きな反響を得ました。

２０２０年3月に、東京都新型コロナウイルス感染症対策サイトの共同開発プラットフォーム（GitHub）に私がメッセージを残したのは、実はシビックハッカーとしてであって、公式な立場ではなかったのですが、こうした、公式とは限らない、国境を越えた協力は、とても貴重な友情です。

――あなたのような人材が活用されるには、台湾社会にどのような条件が備わっていたのか、日本の若者の多くが知りたいと思っています。

台湾では、すべての人が100%言論の自由を享受しており、この状態を守らなければならないと考えています。戒厳令の時代を覚えている人は、「言論の自由のないあの時代には絶対に戻りたくない」と思っています。そのため、「道家思想や保守的な無政府主義を信条としている」と私が発言しても、それは従来の政治家の発言とはずいぶん違ってはいますが、100%自由な環境に身を置いているので、誰も不思議には思いません。

また、言論の自由があることで、台湾ではここ数年、民主的な社会への移行と深化が進みました。これは流血を伴う革命によってではなく、言論の自由が公共の事柄に対して真に有効であることを、人々が本当に理解したことによってなのです。

――最近日本では、ネットでの誹謗中傷が問題になっています。この問題で自殺者も出ており、これはインターネットの両刃の剣だと思いますが、このような問題をどう考えますか？

個々のケースについては、あまりよく知らないので、コメントはしません。しかし、ネットに対する私の基本的な考えでは、参加者数を減らして選ばれたメンバーだけを受け入れるような形態にすれば、それは結局ラジオを聴いたり、テレビを見たりするのと変わらないことになるので、インターネット本来の機能は果たせず、意味もなくなると思います。

大事なことは、情報のダウンロードとアップロードのバランスなのです。ネットコミュニティからのダウンロードに対し、アップロードが多ければ多いほど、自分がインターネット上の「市民」であると感じられます。

逆に、何かあればすぐに情報を受け取るだけで、自分にとって何が必要かを判断できなかったり、「何をしてもどうせ意味がない」と、社会に対する無力感に支配されてしまったりすれば、それはどちらも受け身の状態です。

簡単に言えば、クリエイティブであれ、ということです。クリエイティブであれば、いつも自分のアイデアについて考えていなければならず、もう他人の意見を「ダウンロード」して時間を浪費する必要はなくなります。何であれ、過剰なことは良いことではありません。情報の受け取り過ぎは良くないので、すべては適切な量があればいいんです。


（了）

『フィネガンズ・ウェイク』（Ⅰ・Ⅱ・Ⅲ／Ⅳ）

河出文庫　ジェイムズ・ジョイス著／柳瀬尚紀訳

アイルランド出身の小説家・詩人の最後の長編小説。神話と民謡を含む真実の物語。言葉遊びを極めた実験小説で、一つの言葉を分解してから組み直したりしている。執筆に17年の歳月をかけ、世界で最も難解な翻訳不能の作品と言われた。ISBN978-4309462349／978-4309462356／978-4309462363

『ラディカル・マーケット　脱・私有財産の世紀　公正な社会への資本主義と民主主義改革』

東洋経済新報社

エリック・A・ポズナー、E・グレン・ワイル著／安田洋祐監訳・遠藤真美訳

著者のポズナーとワイルは、いま世界の目の前には3つの危機がある、と指摘する。つまり（1）富裕層による富の独占、（2）経済成長率と生産力の急落、（3）膠着した民主主義、ポピュリズムの指導者の政策が人気を集めるなど。この本は過激な切り口で積極的にマーケットを広げ、もっと自由な、競争力のある開放的な社会を作ろうと説く。ISBN978-4492315224

ジャーゴンファイル（日本版）

http://www.nurs.or.jp/~sug/soft/jargon.htm

Raphael Finkel 著

ハッカーたちの俗語をまとめた用語集。1975年にスタンフォード大学のラファエル・フィンケルが作ったファイルは、その後フィンケルの手を離れてマサチューセッツ工科大学へ。細々と改訂が繰り返されながら、2つの大学に限らない広い範囲で共有された。アメリカで書籍として刊行されたこともある。

英語版

Free as in Freedom 2.0（邦訳発売未定）

Sam Williams 著

プログラムを自由に使用、共有、修正できる「コピーレフト」の強力な推進者リチャード・ストールマンを紹介するノンフィクション。彼はアメリカのフリーソフトウェア運動で中心的な役割を果たした。ストールマンは、GNUプロジェクト「自由なOS」を立ち上げ、フリーソフトウェア財団を創設した。

Communication Power（邦訳発売未定）

Manuel Castells 著

スペイン出身の情報社会学者の名著。インターネットはすでに情報交換の場ではなく、列強諸国が覇権を争う場になった。SNSなど個人主義や地域性が強い媒体でも、自分の影響力で世界を広げる事はできる。これらの新しい媒体がどのように政治や環境保護運動に影響を与えたかを考察した。

Networks of Outrage and Hope: Social Movements in the Internet Age（邦訳発売未定）

Manuel Castells 著

上記と同じマニュエル・カステルの名著で、鋭利な言葉と明確な文脈で、2010年以来のネット・ソーシャル・ムーブメントがどのように世界に同時多発的に発生したかを追う。スペインだけでなく、アイスランド、トルコ、アメリカの「ウォール街を占拠せよ」からエジプトの「アラブの春」まで、ネット・ソーシャル・ムーブメントはどのように政治体制に影響を与えるのか？　あるいは、影響を与えられなかったとしたら、その原因はなぜか？

中国語版

重編國語辭典修訂本

（再編国語辞典修訂版）　台灣教育部

タンがオンライン辞書『萌典』を制作した際に最も参考にした辞書。

中華語文大辭典（中華語文大辞典）

中華文化總會

臺灣客家語常用詞辭典

（台湾客家語常用語辞典）　台灣教育部

臺灣閩南語常用詞辭典

（台湾閩南語常用語辞典）　台灣教育部

阿美語字典（アミ語字典）

方敏英著（台灣聖經公會）

オードリー・タンが選んだ、人生で最も影響を受けた

20冊の本

日本語版

『老子』 講談社学術文庫 金谷治著

中国の古典的名著。偉大な思想家、老子の発言と思想が書かれたもの。時代はおよそ(770 BC-476 BC / 403 BC)。同じ時代に活躍した思想家・孔子の積極的な国家や社会への貢献と比べ、老子は「無為の治」を主張し、政府は有能な人が、時勢を読みながら、最も時代の流れに相応しく治めるべきだと考える。

ISBN978-4061592780

『論理哲学論考』 光文社古典新訳文庫

ルートヴィヒ・ヴィトゲンシュタイン著/丘沢静也訳

オーストリア出身でイギリス国籍を得た哲学者、ヴィトゲンシュタインの名著。第一次世界大戦のさなかの1918年に完成させ、後で1921年にドイツ語で出版した。20世紀で最も重要な哲学名著として有名。ヴィトゲンシュタインは、「論理哲学論考」がすべての哲学問題を解決すると考えている。ISBN978-4334752842

『哲学探究』 岩波書店

ルートヴィヒ・ヴィトゲンシュタイン著/丘沢静也訳

言語学、論理学、数学の哲学、言語哲学と心の哲学など、さまざまな議論を含めている。1953年、ヴィトゲンシュタインの死後、親友によってまとめられた遺稿が出版されたもの。ISBN978-4000240413

『真理と方法 I〈新装版〉哲学的解釈学の要綱』 法政大学出版局

ハンス・ゲオルク・ガダマー著/轡田收・大石紀一郎・麻生建ほか訳

ドイツに生まれた哲学者、ハンス・ゲオルク・ガダマーが1960年に出版した名著。マルティン・ハイデガーの思想を基づき、『存在と時間』(1927年)の存在論的解釈学を展開させて書いた。ガダマーの最も重要な作品と見られている。ISBN978-458809965-6

『世界史の構造』 岩波現代文庫

柄谷行人著

日本の哲学者、柄谷行人が2010年に出版した名著。交換様式の視点で、本来マルクス経済の生産様式がカバーできない面を補足して論を展開した。柄谷は国家資本=ネーション=国家を乗り越えるための「世界同時革命」を唱えて、「ヘーゲル法哲学批判序説」から改めて新自由主義を解釈し、マルクス主義が経済学で処理できない上層部の構造問題を指摘した。

ISBN978-4006003234

『詩経』 講談社学術文庫 目加田誠著

中国最古の詩編。周代から春秋戦国時代半ばまで(BC11世紀からBC6世紀)の庶民の生活を詠んだ作品305編。漢の時代に儒教学者が古典として『詩経』と名付けた。作者の多くが不明で、様々な説がある。

ISBN978-4061589537

『ファウンデーションの彼方へ』(上・下) ハヤカワ文庫

アイザック・アシモフ著/岡部宏之訳

1983年のヒューゴー賞長編小説部門受賞作。設立から500年後の、第1ファウンデーションの若き議員が最新鋭の小型宇宙船「ファースター号」を与えられて旅立つ。滅ぼしたはずの第2ファウンデーションが密かに存続していることを証明する。

ISBN978-4150111502 / 978-4150111519

『はてしない物語』(上・下) 岩波少年文庫

ミヒャエル・エンデ著/上田真而子・佐藤真理子訳

児童向けファンタジー小説である。主人公の少年・バスチアン(Bastian)はある日偶然に手にした本『はてしない物語』から、描かれた世界「ファンタージエン」が崩壊することを知って、本を読むことによりバスチアン自身が「ファンタージエン」の世界に入り込み、そこでの旅を通じてその世界を救い、本当の自分を探す。

ISBN978-4001145014 / 978-4001145021

『新版 シルマリルの物語』 評論社

J.R.R.トールキン著/田中明子訳

唯一の神「エル」による天地創造、大宝玉「シルマリル」をめぐる様々な戦争、そして、不死のエルフ族と有限の命を持つ人間の創世記の神話。『指輪物語』よりも前の年代の物語で、『指輪物語』で活躍するエルロンドやガラドリエルも、この古くて偉大な作品の中で大事な役割を演じている。ISBN978-4566023772

おわりに

これは、ある人物の39年間の人生の記録だ。私たちは最初、ある天才の伝説について書くのだと思っていた。

だがその後、私たちが書いているのは平凡な人の物語でもあると気づいた。誰もが心の中で、こうであればと願ったことがあるはずだ。際限なく学び、探索し、家族や友だちに愛され、最も好きな仕事をして、生活には何の心配もなく、社会に貢献できるという人生を。

タンは私たちと同じように悩み、試練に遭遇した。そして、彼女は私たちよりも特別な道を選び、試練を乗り越え、その願いをかなえる道を見つけた。

性別を超えると決めたその年、タンは新しい名前に「鳳」を選んだ。中国語の「鳳」という字は、どちらの性も内包すると考えられている。吉祥を象徴する「龍と鳳」のモチーフでは女性性を表し、「鳳凰」の中では男性性を表す。

また、タンは自分の名前を変えた後、日本の友人から、「鳳」という字は訓読みすると「おおとり」になり、奇しくも英語のAudrey（オードリー）と音が似ている、と聞いた。日本の読者にとって、「鳳」は国境さえ越えた名前ということになる。

本書が日本の読者のために書き下ろされることになったのも、こうした神秘的な縁によるのかもしれない。

今回、タンと交流する中で、私たちは彼女が大好きな3つの言葉をよく思い出した。それは「共有」、「共作」、そして「貢献」。

彼女は、知識を他人と共有することが得意だ。複雑な概念を解析し、深い考えから分かりやすいキーワードを取り出す。私たちは本書で、台湾の新型コロナウイルス対策について説明するために3万字近い文字を費やしたが、彼女はその内容をたった3つのキーワードに要約した。そして、「素早く（Fast）、公平に（Fair）、楽しく（Fun）」というこのキーワードを使って、世界各国のメディアに台湾の物語を伝えたのだ。

タンが何を大事にしているかは、次の言葉から窺える。

「ネットコミュニティで誰もが認めるリーダーとは、最も賢い人ではなく、最もコミュニティに対して貢献する人です」

だから、彼女はいつもこう言って、みんなを励ます。

「ネットの内容をダウンロードするだけの人になるのではなく、自分の作品をアップロードして、ネットへの貢献者になろう！」

私たちもここで、大切な時間を共有し、関係者が力を合わせて共作したこの本を、無事に世に出せたことに心から感謝する。そして、この本を手に取って読んで下さる読者の皆さんの素晴らしい貢献に、心からお礼を申し上げたい。

私たち一人ひとりの心の中の天才が、いつか繭を破って出てくることを心から願っている。そうすれば、唐鳳はこの世界に1人だけではなくなるだろう。

タンは、自身の仕事の日誌をすべてネット（sayit.pdis.nat.gov.tw）にアップロードしている。だから現場に行かなくても、彼女が参加した毎回の会議資料を入手できる。今回、私たちもその資料を十分に活用した。さらに、タン本人、彼女の家族、恩師、仲間や同僚を取材した。彼らの言葉を聞きながら、タンの実像に一歩ずつ近づいて行った。

台湾は、2003年のSARSの惨劇から教訓を得て、17年の後、再び新型コロナウイルスと戦うことになった。そこにはオードリー・タン以外にも、たくさんの貢献者たちがいる。最後に、付録としてその物語を付した。ご一読いただければ幸いである。

（文中敬称略）

アイリス・チュウ／鄭　仲嵐

二〇二〇年九月

左から周志浩、張上淳、陳時中、陳宗彦、荘人祥／台湾衛生福利部疾病管制署 提供

特別付録

台湾 新型コロナウイルスとの戦い

2020年初頭、コロナウイルスの猛威が世界を吹き荒れた。
しかし、台湾で対策が始まったのは、一足早い前年の大晦日。
SARSを教訓に設立した国家衛生指揮センターの指導。
警察や地方自治体を巻き込んだ追跡調査。
各病院で積み上げてきた真剣な予防訓練。
世界が注目する防疫最強国は、中国もWHOも信じない。
政府と民間が手を携えたCOVID19台湾レポート。

大晦日に眠れなかった男

世界を襲った新型コロナウイルスは、すでに２４００万人以上の感染者を出し、82万人以上の人が亡くなった。人口２３５８万人の台湾は、中国からの距離は１３０キロメートル。中国本土に一番近い離島・金門島はわずか１・８キロだ。しかし、これまでに４８７人の感染者と、７人の死者しか出していない（２０２０年8月26日現在）。

新型コロナが猛威をふるい始めた時、アメリカのジョンズ・ホプキンス大学は、中国の次に多くの感染者を出す地域として、台湾を予測していた。台湾は中国からの観光客が多く、ビジネスの往来も頻繁で、しかも中国本土に在住する台湾人がおよそ85万人もいたからだ。

一体、台湾はどのようにして、そのような悪夢から逃れることができたのか？

台湾の防疫戦争は、新型コロナが世界を席巻し始める２０２０年初頭ではなく、すでに２０１９年の大晦日に始まっていた。

２０１９年12月31日の早朝3時。台北の自宅で、眠れないままスマホの画面を眺める一人の男性の姿があった。その人は、台湾衛生福利部（厚労省）疾病管制署（ＣＤＣ）の副署長、羅一鈞《ロ・イチユン》だった。

羅は、台湾の名門・台湾大学医学部を卒業し、現在は台湾ＣＤＣ首席防疫専門家である。

大学を卒業した当時、台湾政府の法律により、羅は兵役に行く義務があった。その時、羅は政府に選ばれて、当時まだ国交があったアフリカのマラウイ共和国に「外交兵役」として派遣された。マラウイはエイズ（ＨＩＶ）の感染率が最も高い国だった。羅はそこで、疫病の残酷さを目撃した。このような疾病がどのように１人の人生、家族、１つの国家を滅ぼすか、という現実を目の当たりにし、大きな衝撃を受けた。

台湾に戻った後、羅は感染症予防内科の医者としての道へ進み、疾病管制署に入署し、台湾でも珍しい感染症予防専門家になろうと決意したのだ。

専門家育成のプロセスは厳しく、アメリカ、ヨーロッパなどに出かけて修業し、最新の疫学を学び、現場の様子を調査し、生物統計学、疫病の監視システム（ＲＯＤＳ）などを勉強した。

羅一鈞／台湾衛生福利部疾病管制署提供

感染症予防の専門家は、言ってみれば疫病の探偵だった。いったん病院や学校、市町村で、結核、インフルエンザ、麻疹などの強い伝染性の疾病、あるいは原因不明の病気でクラスターが発生したとしよう。すると、感染症予防の医者は、いつもすぐに現場に行き、アンケートを実施し、取材を行い、鋭い観察力と判断力を駆使して、疫病がどのようにして流行ったか、その糸口を綿密に追跡する。場合によっては衛生教育の任も負い、たとえば風俗嬢などが集まるサウナルームを訪ねて、エイズ（ＨＩＶ）の検査を受けるように、と宣伝する。羅とその感染防疫チームは、台湾国内の疫病だけではなく、世界中の感染症をいつもモニタリングしている。以前にアメリカのＣＤＣで訓練を受けた経験を持つ羅は、２０１４年にナイジェリアがエボラ出血熱ウイルスに苦しんだ時、すぐ現地に行き、この疫病を調査した。羅だけではない。２００９年に新型インフルエンザ（Ｈ１Ｎ１）が流行した時も、２０１５年に韓国でＭＥＲＳが猛威を振るった時も、台湾の感染症予防専門家の姿は必ず現場にあった。

12月31日の深夜3時、眠れない羅は、LINEグループで１つの転送リンクを見た。そのリンクは、眠れないまま過ごしていたもう１人の同僚が、インターネット上にある台湾最大の電子掲示板「ＰＴＴ」からコピーしたものだった。それは、医学的な素養のあるユーザーが書いたとみられる内容だった。

「武漢では今、新たな重症急性呼吸器症候群のクラスター感染が爆発的に増えているのではないか？」

実はその前月の11月に、台湾ではすでに、「武漢から新型ＳＡＲＳの感染が始まった」という情報がキャッチされていた。しかし、残念ながらずっと証拠がなかったのだ。この「ＰＴＴ」の掲示板には、写真なども含めてたくさんの情報がアップされていた。12月30日に武漢市衛生健康委員会が発したアラートや、各病院の原因不明の肺炎患者に関する情報提供を呼び掛けるお願い、そして、新型コロナの警鐘を鳴らした男として後に有名になった中国人の医者・李文亮が大学の同僚に送ったメッセージのスクリーンショットもあった。そのスクリーンショットには、7人の新型コロナウイルス感染患者が病院に隔離されている、と書かれていた。

最も驚くべき情報としては、ある患者のCT検査写真と、それに対する病院の報告書のスクリーンショットもあった。

PTTは台湾で一番大きな電子掲示板で、中国の内部情報を窺うことができる窓口にもなっている。PTTは1995年、当時の台湾大学学生の杜奕瑾が作り上げたもので、最初は台湾大学のメールアドレスを持つユーザーしか登録されない制度であった。Facebookがハーバード大学から世界に進出したのと同じで、PTTも1995年の開設当時から爆発的な人気を得て、登録数が一気に増えた。現在の登録者数はすでに150万人以上、毎日2万件以上の投稿がある。

PTTに登録した学生は学校を卒業し、社会人になって様々な仕事に就いてもアカウントを持ち続けているので、いつも多くの卒業生たちが新たな情報を提供している。各方面の裏情報まで集めるホットスポットで、マスコミもよくこれを利用して記事のネタを探している。

また、今はおよそ85万人の台湾人が中国に移り住んで様々な仕事をしており、台湾の医学界も中国の医学界とたくさんの交流がある。言葉の交流には問題がないため、中国の公式情報をもらうことができる。中国国内のSNSにも接触できるため、情報を分析できたら、その結果をPTTに自由に発表することができる。PTTという「隠れた窓口」があったからこそ、台湾の人々は自然に中国の情報に対する「直感」を育てることができた。今では台湾は、中国の内部情報をいち早く独自に解読する能力を持っている。

そういう「直感」を得る前のこと。2003年にSARSが流行した。この時、台湾はある経験をした。表に出ている感染者数と死亡者数だけで、中国、香港、台湾、シンガポールとカナダのデータを比較してみたところ、中国のSARSによる致死率は6・6%だったが、他の4つの国はいずれも中国より高く、致死率は10%から17%まであった。公衆衛生や医療の質を考慮に入れれば、どう考えても極めて不自然な現象だった。

SARSの後、台湾は中国の情報を決して信じることができないと教訓を得た。中国で始まった疫病は、必ず警戒しなければならない。これは、人々の命に関わる決断だった。

今回のコロナ対策でも、この時に得た「教訓」を生かし、台湾の行政院副院長陳其邁が動いた。以前から、中国では新たなコロナウイルスの感染が広がっているという噂を聞いていた陳は、12月31日の朝、出勤するとすぐに衛生福利部の幹部たちを呼び、ミーティングを開いた。羅一鈞も会議に出席し、PTTで見た投稿を他のメンバーと共有した。

医学部卒業のエリートで元内科医であり、公衆衛生学の院生資格も持っていた陳其邁は、すぐにこの情報は極めて信憑性が高いと思った。そしてその日のうちに、台湾のCDCは

3つのことをした。まずは、中国の疫病管理担当にメールを送り、新たな重症急性呼吸器症候群のクラスターが発生しているかどうかを聞いた。さらに、WHOの下部組織であるIHRにメールして、中国で新たなコロナウイルスによる感染が発生している可能性があることを報告した。

中国からは当日すぐにメールで返事が来た。そこには、その新型肺炎は「防げるし、コントロールもできる」、「人と人との感染はしない」と書かれていた。しかし、中国と長い付き合いを持つ台湾政府は、こういう場合は必ず最悪の事態を想定しなければならないことを知っていた。

WHOからは、結局返事が来なかった。大晦日、台湾政府はいち早く、武漢から台湾の空港に到着するすべての飛行機について、到着後の乗客の検疫を実施した。台湾は世界の防疫戦争で、最も早く臨戦態勢に入った国であった。

結果的に、このとき防疫戦争の最前線に立った医者たちは、世界に先駆けてコロナウイルスへの警鐘を鳴らした者になった。これは、台湾政府が彼らの報告を受けて間髪を入れず、その日のうちに動いたからでもある。

2020年1月11日、激しい攻防を巻き起こした台湾総統選投票が終わった後、中国で新型コロナによる最初の死者が出た。翌日、台湾は2名の医者を武漢の病院に派遣した。到着した当日、武漢にはすでに41人の感染者がいた。その2人の医者は現場で、明らかに人から人へと感染したケースを確認した。彼らが台湾に持ち帰ったメッセージは、「感染はもうすぐブレイクする！」だった。

1月20日、台湾政府は防疫指揮センターを開設。翌21日、中国と台湾を行き来してビジネスをしている武漢在住の55歳の台湾女性が、台湾に到着後、桃園空港で熱や咳などの自覚症状を訴え、すぐ病院に運ばれた。検査の結果、陽性反応が検出され、台湾で最初の新型コロナウイルス感染者がついに出た。

２００３年、悲惨なＳＡＲＳとの戦い

なぜ台湾は、これほど海外での感染症流行に敏感なのか？　それは、２００３年のＳＡＲＳを経験した台湾人なら誰でも、当時受けた傷と恐怖を忘れることができないからだ。

２０２０年5月に台湾の副総統を引退した陳建仁は、今でもＳＡＲＳのことを忘れていない。陳はアメリカのジョンズ・ホプキンス大学を卒業した公衆衛生専門家で、２００３年5月18日、当時台湾でＳＡＲＳが最も猛威を振るっていた時期に、行政院の衛生署長を務めていた。目の前にあったのは、すでにコントロール不能の事態であった。

新型コロナウイルスと比べると、ＳＡＲＳはこれほどすぐに感染はしないが、致死率は割と高い病気であった。その前年の２００２年、ＳＡＲＳはすでに中国の広東省順徳で感染爆発を起こしていた。中国と台湾の往来が頻繁にあるため、1年後の２００３年3月8日、ついに台湾でも初のビジネスマンの感染者が出た。そのあと、感染者がだんだん増えてきて、4月22日には台北市内の和平病院で院内感染が発生、医者、医療スタッフ、看護

師や洗濯スタッフなど、あわせて7人が感染した。

そのニュースはすぐに国内を駆け巡り、台湾国民は大パニックになった。「感染したら死ぬ」という恐怖が引き起こしたのは、マスク、消毒液の買占め現象だった。その時、台北市衛生局は、中央機関の同意を得ず、院内感染が発生した和平病院を突然、「ロックダウン」した。およそ1200人以上の医者、患者、その他の病気で入院していた患者、患者に同行していた家族までもが、すべて病院内に閉じ込められた。この病院の中では、さらなるパニックが起こった。

当時は決められた防疫対策がなく、ロックダウンに反対する医者や看護師や、外に逃げたいと考える患者もいた。病院のトイレを借りたタクシーの運転手も閉じ込められて、院内には不安よりも絶望感が蔓延した。

台湾は長い間、ずっと国際組織から排除されてきたため、当然WHOからの支援は一切なかった。台湾の医療レベルは高かったが、この新しい伝染病に対する経験はまったく持ち合わせていなかった。特に当時、各病院内の陰圧室の統一基準もなく、病院の医療スタッフは防護服の着方を知らず、院内感染が次々に発生した。

院内感染が拡大し、看護師長の陳静秋と、医師としてのキャリアを始めたばかりの林重威が相次いで死去した。

看護師長の陳静秋は、27年ものキャリアを持つ大ベテランであった。和平病院の近くでは、よくホームレスが倒れることがあった。彼らが病院に運ばれると、陳静秋はいつも彼らの匂いを気にせず、シャワーを浴びさせ、きれいな服を着せた。同僚の目には、優しくて懸命に仕事をする静秋は、いつも看護師の理想と映っていた。

若い医師の林重威は、その時ちょうど28歳だった。２００３年４月１日から医者の道を歩み、４月12日にＳＡＲＳに感染して他界した。７年間の医学部時代を経て、２年間の兵役を終え、やっと病院に就職したが、医師としての生涯はわずか12日間で終止符が打たれた。

病院の緊急事態を受け、防護服も着ずに患者を診た彼は、ＳＡＲＳに感染した患者からウイルスをうつされ、死去したのだ。さらに悲しいことに、彼はその年の８月15日に結婚式を迎える予定だった。

父親は葬儀の挨拶でこう言った。

「私の息子、林重威はヒーローではありません。彼はただ何も知らされないまま、ＳＡＲＳの患者を診ただけです。息子は、病院の防御体制が整っていなかったために殺されました」

林重威の家族は、今でもまだこの痛みを忘れていない。

患者を世話する医者や看護師までが亡くなり、他の病気で入院した患者も大パニックになった。ロックダウンによる絶望感で、病室で首吊り自殺した患者もいた。結局、和平病院のロックダウンは２週間続き、ＳＡＲＳに感染した病院関係者は57人に上った。そのうち７人が死亡、院内の患者やその家族は97人が感染し、うち24人が死亡した。その悲劇は、台湾全土に衝撃を与えた。

ＷＨＯが台湾との疫病情報の共有を拒否したので、大パニックに陥った台湾は、アメリカのＣＤＣに助けを求め、ようやくＳＡＲＳの状況を把握できるようになった。２００３年の３月から７月までに、台湾では３４６人が感染したが、うち３分の１は病院関係者であった。そして、73人の死亡者のうち11人が医療関係者だった。台湾は中国を除けば、医療関係者の死亡率が世界で最も高い国になってしまった。

いったい今後、どのように対処すれば、同じ悲劇を繰り返さないで済むだろうか？

この問いは、陳建仁の心の中でずっと繰り返されていた。

ＳＡＲＳが終息した後、２００３年のうちに、陳建仁はアメリカのジョージア州アトランタを訪問し、ＣＤＣを視察した。彼が見たのは、国家レベル衛生指揮センター。ホワイトハウスの地下にある「シチュエーション・ルーム」、つまりアメリカ政府が有事の際に使う部屋と同レベルの装備を備えた施設だった。これこそ、台湾が探している答えだ。

防疫に強い政府を作り上げることは、決して容易ではない。それには、法律の整備、組織の立ち上げ、組織を横断する戦略、そして場合によっては民間企業の動員も必要だ。つまり、効率的な伝染病予防法を作り、行政ランクが十分に高い指揮センターを全国に立ち上げ、公衆衛生と医療の専門家を集めてチームを作り、最終的には民間の資源も統合して有効な窓口を作ることが重要である。

台湾は長い間、中国からの脅威を感じてきた。

1949年以来、中国はずっと台湾に対して侵略の意図を持っている。そのため、台湾の男性は兵役に服し、女性も高校教育が終わるまでの間に国防教育を受け、全員が射撃場へ行き、本物の銃を使った射撃練習を行う。

中国の武力行使には、生物兵器使用の可能性ももちろん含まれる。そのため、台湾が完全な防疫システムを作ることは、国民の健康を守るためだけではなく、国家そのものを防衛する観点からも意味があった。

その防疫の地図を頭に描きながら、陳建仁はその後台湾に戻ると、すぐに当時の総統陳水扁の許可を得て、台湾国家衛生指揮センター（NHCC）の開設に向けて動きだした。2005年、CDCのもとに、NHCCはついに誕生した。

そして、「防疫は作戦だ」というシンプルな決意から、ホワイトハウスのシチュエーション・ルームと同レベルの装備を持つ防疫指揮センターが、NHCCの管轄下に完成した。さらに、台湾の立法院は「伝染病予防法」を修正し、防疫指揮センターを最もランクの高い防疫総部に位置付けた。万が一感染が発生したら、NHCCによって、防疫指揮センターが指揮系統の最上位に立ち上げられる。地方政府はその防疫対策に従わなければならない。全国の民間企業が保有する設備や資源も、必要があれば政府の徴用が可能だ。

NHCCは、「世論調査課」、「状況対応課」、「対策課」、「指揮課」などの部署を持ち、感染状況を把握し、世論を集め、対策を策定する。また、台湾の各部との間で防疫資源に関する情報を共有し、記者会見を開いて感染状況を情報発信する。

組織の変革だけではなく、陳建仁が重要視したのは、必ず医療の専門家が政府機関に入って仕事をすることだ。台湾の立法院は陳建仁の提案を支持し、２００３年から以前の公務員任用ルールを変え、医師免許を持つ専門家を初めて政府機関に受け入れ、報酬も医療界と同じ扱いで雇用した。

様々な法改正の結果、台湾の政府機関にはそれ以来、公衆衛生と医療の専門家の姿が見られるようになった。彼らは各伝染病を細かく管理し、２００５年の鳥インフルエンザや２００９年のＨ１Ｎ１（A型）インフルエンザの流行は、いずれも台湾ＣＤＣの貴重なトレーニングの機会となった。

今回の新型コロナウイルスとの戦いに際しても、現場にはたくさんの専門家が現れ、彼らのほぼすべてが医師であった。それは、２００３年の改革が生み出した成果なのだ。

もし、世界各国が台湾の新型コロナウイルス感染対策を研究したなら、必ず２０２０年3月3日に言及するだろう。アメリカのスタンフォード大学に助教授として勤務している医師・王智弘（Jason Wang）が、アメリカ三大医学雑誌「ジャーナル・オブ・ジ・アメリカン・メディカル・アソシエーション」（ＪＡＭＡ）に、あるエッセイを投稿した日だ。

そのエッセイのタイトルは「台湾の新型コロナウイルスとの戦い方：ビッグデータ解析、新しいテクノロジーと自主的な検疫」。その中で王が触れたのは、台湾政府が２０２０年1月から2月21日までの約50日間に決断した、１２４の重大な防疫対策についてだった。

１日平均にしておよそ２、３回、重要な決断を下せたことは、政府の疾病対策の迅速さを物語っている。王智弘はエッセイの中でこのように述べた。

「国家衛生指揮センターの設置は非常に重要だった。地方と中央政府から集まったすべての情報がここに統合され、データ解析ののち分類されるため、いま何が発生しているのかを国民に説明できる」

しかし、その対応の速さは、国家衛生指揮センターの設置というハードの問題だけではなく、SARSからの教訓を生かしたソフト整備の結果でもある。法律や医療資源、組織を整備し直し、毎年各病院が訓練を実施していなければ、今回も感染が広がる前に政府が迅速に対応することは難しかっただろう。

台湾政府は普段から、十分な医療資源を貯えており（たとえば4400万枚のマスク）、各病院でも常に30日分の医療資源を備蓄している。医療現場の第一線で行われる訓練では、各病院は必ず移動経路を分け、病院の内外の空間も、レッドゾーン（感染地域）、グリーンゾーン（感染のない地域）とイエローゾーン（要注意地域）に分けられ、それぞれ保護のレベルを変えた訓練を行っている。

さらに、患者、医療関係者、患者の家族、お見舞いの人、院内の清掃スタッフに至るまでの動線をそれぞれ設置し、院内感染の防止に備えている。各自治体の大病院もスタッフを派遣して、各地の介護施設の介護従事者を教育し、完璧な防疫システムを追求している。

このような体制を整え、訓練を行うようになった後は、台湾の政府や社会は以前よりもずっと医療機関を重視するようになり、公衆衛生を軽視することもなくなった。そのことは、次の感染が爆発する前の適切なウォームアップになったのではないだろうか。

入国後「14日間」を管理せよ

新型コロナウイルスへの対応が始まって数カ月間の防疫対策を振り返り、台湾の公衆衛生学者・林瑜雯は「水際作戦」が一番有効な戦略だったと指摘した。海に囲まれた島国の台湾は、入国するときには空港や港湾を通るしかない。もし、すべての入国者に対して検疫を実施し、入国後の14日間を管理できれば、感染状況を正確に把握することができる。

つまり、一番早い段階、まだクラスターが出ていない時に、海外からの入国者を調べ、感染地域に行った人がいるかどうかを知り、該当者をいち早く隔離することが一番のキーポイントだった。

その頃は、ちょうど旧暦の正月だった。毎年1月から2月、中国に住んでいるおよそ85万人に上る台湾人の多くが帰省し、台湾で旧正月を過ごしている。この時期には中国からだけではなく、世界各地から帰国する台湾人、海外からの観光客合わせて200万人以上が入国すると想定されている。この帰省ラッシュの中で、感染者の特定は極めて難しい。

様々な会議の結果、台湾政府は新たなIT技術を使って感染者を特定することに決めた。まずはQRコードを使い、帰国者の海外渡航歴と健康状態などをオンラインで登録する検疫電子システムを作り上げた。このシステムでは、どの国の空港からであっても、台湾人が台湾行きの飛行機に乗るには、一度QRコードをスキャンし、搭乗前に自分の健康情報を検疫専門サイトに入力しなければならない。このシステムを使うと、搭乗者の過去14日間の海外渡航歴を検索でき、その人の感染リスクを分類することができる。

飛行機が台湾に着陸したら、帰国者はこのシステムから自動的に自分の健康状態申請証明を受け取り、健康状態が良い人は、携帯の画面を税関の係官に見せればすぐに入国できる。しかし、家に帰るにも、ホテルに行くにも、公共交通機関は一切禁止、交通手段は家族が運転する車か、指定された「防疫タクシー」以外は使えない。その後、自宅やホテルなどで14日間の隔離を自主的に行う。

もし、飛行機に乗る前に、あらかじめ「発熱」や「呼吸困難」など、新型コロナが疑われる症状を記入した場合、入国する前に一度検査を受けなければならない。検査の結果が出る前に専用車で移動し、指定された検疫所で待機する。一旦陽性反応が出たら、軽い症状でも重い症状でも、すぐに救急車で近くの病院へ運ばれ、治療を受ける。陰性の場合はそのまま家に帰るか、あるいは施設に収容されて14日間の隔離を受ける。

隔離中に、もし発熱や他の不具合が出て医師を呼びたくても、1人で外出することはできない。その場合は、台湾の防疫専用番号「1922」に電話をかけ、あとは診察を待つ。

要するに、感染者が多い地域から帰国したすべての人に対して、一旦公共交通機関との接触を禁じ、確実な隔離を実施し、なるべく潜在的な感染者と市民との接触を減らすのだ。それが、ウイルスの海外からの侵入を防ぐ最前線である。

このQRコードシステムは、2月14日から実施された。それまでは中国湖北省や広東省、浙江省などからの入国者・帰国者に対して隔離が行われた。

あるミャンマーからの帰国者は、入国した際、下痢の症状があることを誠実に報告した。下痢は新型コロナの症状の1つであり、彼は空港ですぐにPCR検査を受けた。結果が出る前に、桃園市内にある検疫所に運ばれた。幸い検疫の結果は陰性で、彼は検疫所から離れたが、それ以降もまだ14日間の隔離が必要である。

隔離中の入国者や帰国者が、自宅や収容施設から外出することは一切禁止。政府が必要な人に配布した携帯電話などの位置情報機能により、隔離された人の居場所や状況は即座に把握される。一旦連絡が取れなくなると、警察官がすぐに駆けつけて、同じ町内の衛生局や町内会長にも直ちに連絡が入る。

政府は食事の支給やゴミ処理を手伝い、毎日1000台湾ドルの手当も用意する。しかし、自由な生活に憧れる人たちから、「町中のレストランや友達の家を訪問できないことは人権侵害だ」という指摘もあった。だから、最初のうちはわざと間違った住所を記入したり、ルールを破って勝手に外出したりする人もよくいた。結局、台湾政府はこうした人たちに対し、法律に基づき、1万台湾ドル（約3万6000円）から100万台湾ドル（約360万円）の罰金を科した。

隔離されている人々を本当に管理する責任は、地方政府にある。市中感染を防ぐため、台湾の地方政府は海外から帰省する人々に対し、慎重に対応する。いったん自宅や収容施設から離れる人がいれば、地方政府関係者はすぐに警察や衛生局、市町村の責任者と連携して、いなくなった人を探した。長期間行方がわからない場合、罰金が科せられるだけではなく、氏名も公表される。

中国から帰国した、ある台南在住の女性は、14日間の隔離を受けるべきところ、すぐに車を運転し、北部にある新竹の友達を訪問した。彼女は2日間以上連絡が取れなかったため、その後新聞に氏名を公表された。

さらに、台湾北部の桃園に住むある男性もルール違反の無断外出をし、4回自宅から出て買い物をし、区役所の職員から「行方不明の人」と判断された。その結果、男性は10 0万台湾ドルの罰金を科され、強制的に検疫所へ移送された。

隔離違反者に対し罰金を科すことは、アメリカのニュージャージー州の法律でも定められている。ニュージャージー州では、隔離されたくない場合は、懲役6カ月に服さなければならない。新型コロナによる最も大きな打撃を受けたイタリアのロンバルディア州でも、ルール違反した人に5000ユーロ（約60万円）の罰金が科された。海外からの観光客たちも、台湾では徹底的な隔離措置を体験した。

フランスから台湾に来たあるビジネスマンは、桃園空港に到着した際、問診票に自身の健康状態を記入し、入国手続きを終えると、消毒された防疫タクシーですぐにAIRbnb（エアービーアンドビー）の民宿に送られた。民宿のオーナーは親切で、彼のために政府から配給された「隔離パッケージ」を置いておいてくれた。中には14日分のマスクと、比較的マイルドな味のスナック菓子が入っていた。民宿のオーナーは電話でご飯の注文やゴミ処理などを手伝いながら、毎日メッセージを送ってくれた。

外出は禁止されているが、幸いインターネットが使える。民宿はWi-Fiスポットを常に用意し、地方政府も14日間の無料アクセス・アカウントや、動画配信サイトの一時無料サービスを提供した。

民宿に到着して数日経った頃、彼のところに突然、多くの友達から連絡が来た。すぐに在台湾フランス経済代表処（大使館に相当）に連絡するように、とのことだった。なんと、彼が入国した際に民宿の住所を間違えて記入したため、警察が彼の行方を捜している、というのだ。すでに48時間を超えており、もしもの場合には、彼は3万1000ユーロの罰金が科されるはずだった。

ようやく警察が彼を見つけ、彼は隔離者専用の携帯を渡された。そのGPS内蔵機能は、人が外出しているかどうかを確実に把握する。警察は礼儀正しく彼に自分の検温写真を撮ることを要求し、彼は定期的に検温した。

民宿で隔離されている14日間は、極めて寂しい時間だった。警察が訪問してくると毎回、彼はコーヒーをサービスしようとしたり、あるいはトランプに誘ったりしたが、もちろんそれは受け入れられなかった。ついに、彼は本を1冊を読み終え、自撮り動画で友達を笑わせたりしながら、困難な時間をやり過ごした。

もしかすると彼は、世界で一番厳しい隔離生活を過ごしたのかもしれない。しかし、その苦労は必ず報われる。隔離生活が終わり、収容施設のドアを開けたら、世界でも唯一無二の低い感染者数を誇る台湾へと足を踏み出せるのだから。

台湾社会は率先してマスクをつけたが、子供たちは普通に学校へ行き、大人も地下鉄に乗って出勤した。デパートはいつも通り営業し、レストランも通常営業している。それは日常生活の些末な一場面に過ぎないかもしれないが、全世界で数百万人を超える感染者が出て、数十万人の命が失われ、たくさんの国がロックダウンを余儀なくされた状況と比べれば、台湾で見られる風景は奇跡のようだった。

振り返ってみると、「水際作戦」は非常に効率的な戦略であった。台湾のコロナ感染者の中で、海外からの入国者は8割を占め、国内で感染したケースは2割に過ぎなかった。そして、海外から入国した感染者のうち45％は搭乗口で感染が検出され、他の55％は隔離されている間に症状が出た。

このような厳しい措置を取っても、まだ他の抜け道がある。それは、今回の新型コロナでは無症状者の比率が高く、潜伏期間も意外と長かったためだ。感染者の中には、症状が見つからないうちに空港から出て家族を感染させたり、あるいは隔離が終わった後に同僚や友達にうつしたケースもある。

台湾の医療環境は整備されており、医療保険制度も99・9％利用され、都心部ではクリニックの密度も高かった。１つの道沿いにいくつものクリニックがあることも珍しくなく、患者は自分でクリニックを選ぶ。１回の風邪で複数のクリニックを診察のために訪れる可能性もある。大きな病院ではなく、街角にある小さなクリニックは、コロナ患者と接触しやすいところだ。

そういう現実を睨み、台湾のCDCは2020年1月2日にはすでに、全国各地の医療関係者にメールを送り、クラスターを防止するために「アラートを出そう」と呼び掛けていた。メールの内容は、気道感染症の患者が出た場合、問診するときに必ず「TOCC」を聞くこと、だった。TOCCとはすなわち、海外渡航歴（Travel history）、職業（Occupation）、感染経路（Contact history）、そしてクラスターのリスク（Cluster）のことで、医師自身にも隔離措置を取るようにアドバイスする場合もある。

患者の中には、14日間の隔離を受けたくないために、自分の海外渡航歴を隠そうとする人がいるかもしれない。もしそうした人がいれば、院内感染と市中感染が発生する恐れがある。そのような状況を防ぐため、1月26日から、台湾の健康保険証と台湾人入国者情報を連携させることになった。

患者は国内どこのクリニックに行っても、受付で健康保険証を出せば、ICチップですぐに海外渡航歴を調べられる。1月27日から30日までの4日間だけでも、およそ3万人以上の入国者が病院やクリニックで診察を受けた。それらの記録はICチップを通じてモニターに表示され、感染の多い地域からの入国者は、即座に警戒された。

中国の感染状況は、後になってくるほど、ひどい状況であることがわかってきた。台湾政府は2月6日、中国人の入国禁止を宣言した。それまでに感染者の多い地域からの便を順次禁止し、10日までに残っていたのは、わずかに北京、上海、アモイと成都からの便だけだった。

その頃、台湾から中国に逃げていた多くの指名手配犯が、飛行機に乗って台湾に帰ってきた。彼らは、台湾の空港で逮捕されるよりも、中国で新型コロナに感染することの方を恐れたのだ。

3月に入ると、中国から入国した感染者の数はゼロになり、ヨーロッパやアメリカから帰国したパッケージツアーの客と留学生の中に、だんだんと感染者が増えてきた。2月末の時点で、台湾全土の感染者数はまだ29人（国内19人、海外からの入国者10人）だったが、3月末になると帰国者の感染者数は一気に276人に達し、国内の感染者数46人と合わせると、322人にまで増えた。

台湾からトルコに出かけたあるパッケージツアーでは、旅行客17人のうち13人が感染していたことが判明。そのツアー客と同じ飛行機に乗り合わせた乗客からも感染者が出た。更に、エジプトやオーストリア、チェコへ向かったパッケージツアーからもクラスター感染が出て、ニューヨークから到着したある航空便では、乗客12人が感染していたことが判明した。

3月17日、台湾政府は一切のパッケージツアーを禁止。そして19日には台湾籍以外の人は入国禁止となり、入国できる外国人はすでに申請していた人のみとなった。入国・帰国者には渡航先や国籍を問わず、すべての人に14日間の隔離を行うことを決めた。

徹底的に感染経路を追跡調査する

水際対策は厳しかったが、その網をかいくぐって入ったウイルスはコミュニティに入り、家族や友達に感染する恐れがある。感染源を見つけるためには、まるで探偵のような感染経路の追跡が必要だった。

最前線に立つ防疫チームは、ＳＡＲＳの後で作り上げた新しい組織である。２００３年当時の陳水扁総統は、アメリカのＣＤＣから専門家を招致し、アドバイスを求めた。アメリカのＣＤＣには７０００人の職員がおり、そのうち３０００人は医師だった。当時の台湾ＣＤＣにはわずか１０００人の職員しかおらず、そのうち防疫専門の医師はたったの７人しかいなかった。その時、アメリカの専門家は、

「一番大事なことは、防疫を専門とする医師の数を増やすことだ」

とアドバイスした。台湾はその後、さらに35人の防疫の専門家を追加招集した。募集した専門分野には、感染症だけでなく、救急や総合診療、小児科、内科まで含まれていた。しかし、24時間の待機が必要とされる激務のため辞める人も多く、35人の枠はいつも満員にならなかった。

医師だけではまだ十分ではない。台湾政府は、早期に市中感染をコントロールするためには、防疫を専門とする医師と、地方の衛生局職員、そして警察官が協力し、諦めずに感染経路の追跡を行うことが大変重要であると考えていた。

２０２０年1月、台湾の警政署（警察庁に相当）は、「感染経路の追跡は重大な刑事事件の捜査と同じ」と発表し、国内に感染者が出る前に、各地の警察署の捜査員をグループに分けてそれぞれミッションを与えた。捜査員の得意分野を、交通事故と盗難事件、通信履歴と位置情報の追跡、そして根気の必要な事情聴取に分け、それぞれ訓練したのだ。

防疫の専門家と地方の衛生局、そしてそれぞれ得意分野を持つ警察官の組み合わせは、感染経路の追跡で大きな役割を演じた。

台湾の新型コロナウイルス感染者のうち、最初の死者は個人タクシー運転手だった。タクシー会社からの仕事も受けながら自分で営業していて、客はだいたい中華圏から台湾に帰ってきた人がメインだった。その運転手自身には海外渡航歴がなかったため、彼は肺炎になって入院した当初の2月3日には、ＰＣＲ検査を受けていなかった。

その後、日本でタクシー運転手が感染したというニュースが報道され、台湾政府はタクシー運転手に対する検査の範囲を広げることを決めた。その結果、その運転手は2月15日に陽性が検出された。

残念ながら、その運転手は陽性とわかってからわずか数時間後に亡くなった。医師は感染経路を追跡するための調査もできなかった。そして、防疫の専門医と地方の衛生局、警察署のチームは、タクシー運転手が感染した日の特定を始めた。運転手に症状が出たのは1月27日だった。

それまでの2週間、彼は誰と話したのか？

話した相手、車の出勤記録、317回のスマホの通信履歴、受診履歴、監視カメラなどを調べ、最短の時間で彼の感染経路を把握し、そして感染源を確かめ、少しでも早くクラスターを防止しようと努めた。

結局、台湾政府はこの運転手が亡くなるまでの36時間、つまり1日半の間に彼と接触した家族、会社の同僚、乗客、レストランや医療スタッフなどを調べ、49人の濃厚接触者と335人の要注意者を特定した。政府は濃厚接触者のためにすぐに収容施設を用意した。また、335人の要注意者に対しては、自主健康管理を実施した（隔離はされず、朝晩に検温を行う）。

政府はまた、発症したと思われる日からタクシー運転手が空港から乗せた117人の乗客の海外渡航歴を調べ、そのうち6人が中国の浙江省、上海、広州や日本などからの帰国者であったことを突き止めた。そして、最終的には1人ずつ、1歩ずつ、海外の感染源を分析した。

どうして感染経路の特定をこれほど急ぐのか？

それは、もし迅速に特定できれば、基本再生産数も低くなるからだ。基本再生産数とは、ある疾病に感染したひとりの人が、免疫を持たない何人の人にその疾病を感染させたか、という数字だ。基本再生産数を1以下に抑えられるなら、感染者が他の人に直接感染させた可能性がなくなるので、クラスターが発生する危機から逃れることができる。

当時、このタクシー運転手がうつした可能性のある感染経路を特定するため、地方の警察署はほぼ毎日、60人の捜査員を動員し、重大な組織犯罪と同じ態勢で調査を行った。すべての接触者に対してPCR検査を実施した結果、117人の乗客、そして53名の同僚は全員陰性であった。しかし、一緒に食事をした家族の中から、4人の陽性者が検出された。

その後の記者会見で対策本部は、タクシー運転手が家族と食事をした際のテーブル座席図を用意し、誰がどこの席に座ったのか、誰が感染したのかまでをそこに明記した。

他にも、感染経路の確認例として後に広く知られることになった件がある。それは、ある地方の衛生局が行ったキャバクラ嬢感染者についての調査だった。

専業主婦だという女性が、体調不良を訴えて近くのクリニックを受診した。検査を行ったところ、新型コロナウイルスに感染していることがわかった。感染経路を調べる調査機関の担当者は、怪しい情報を発見した。彼女の携帯の通信履歴や位置情報が、単調な生活を送っているはずの専業主婦としては少し不自然だったのだ。

後にその地方にある衛生局の女性が彼女の取調べをしたところ、その女性はキャバクラでアルバイトをしていた。更に、その女性は症状が出てからも依然としてキャバクラに出勤していたことも分かった。当局は感染経路を確認するため、123名の濃厚接触者を把握し、キャバクラで接触した96人、家族4人、その他の接触者（タクシー運転手など）1人ずつに対して検査を行い、隔離や自主健康管理を実施した。幸い、感染者は1人も出なかった。

この時の感染経路調査で台湾政府が留意したことは、キャバクラやパブなどの場合、そこに行った事実を情報提供したくない客もいる、という点だ。そのため、政府は新たな対策を実施し、すべてのキャバクラやパブ、ディスコなどの施設に対し、コロナが落ち着くまでの一斉休業を要請した。

感染経路調査のうち、ある旅行代理店の上司のケースは、最も驚きをもって受け止められた。彼はちょうどインドネシアから帰国した友人とコーヒーを飲んだが、その友人が後に新型コロナの陽性反応を示したのだ。彼自身も感染していることがわかった。彼は友人よりも重症化し、一度心肺停止になってＩＣＵで人工心肺装置（エクモ）を用いなければならなくなった。ただ一緒にコーヒーを飲んだだけで感染し、ここまで重症化したという事実を前に、台湾社会は新型コロナウイルスの高い感染力を再認識せざるを得なかった。

クルーズ船ダイヤモンド・プリンセス号

空港での水際作戦ではこれほど厳密な方法を取っており、確かに多くの感染源をブロックできたと見られる。一方、振り返ってみると、一番リスクの高い場所は港だった。

世界各地を回るクルーズ船、ダイヤモンド・プリンセス号は、最も大きなリスクの１つだった。３７１１人の搭乗客を乗せたこの船は、2月3日に日本の横浜港に停泊して以来、日本を感染拡大の恐怖に陥れ、結局７１２人の感染者を出した。後に台湾でも知られるようになったが、ダイヤモンド・プリンセス号は、日本に寄港する前の1月31日、台湾の基《キ》隆《ルン》に寄港していた。多くの搭乗客が、１０１タワーや龍山寺、故宮博物院、九份など、およそ40カ所の観光スポットを訪れていた。その中には、自覚がないままコロナに感染していた観光客がいたのだ。その情報が公表された際、台湾には大きな論争が沸き起こった。

公衆衛生学の専門家で、当時の行政院副院長である陳其邁は、船が感染の「入り口」になっている可能性を知った時、眠れなくなった。その後、台湾政府はビッグデータを使って、感染経路の追跡調査を始めた。まずは、ダイヤモンド・プリンセス号の乗客の台湾での訪問先を調べ、その訪問先を記した地図を作製した。さらに2月7日、国民全員に向けたメッセージを送り、特に台北市、新北市、基隆市の住民たちに注意を喚起した。「もし、ダイヤモンド・プリンセス号の乗客たちと同じ日時に、同じ観光スポットにいたら、自らの健康管理をして下さい」と。

計算してみると、この乗客たちの訪問先の範囲には、およそ62万人の台湾市民が住んでいることがわかった。政府が健康保険システムを経由して調査したところ、それらの住民のうち、すでに49人が肺炎のために入院していた。また、600人程度が、入院はしていないものの軽い肺炎を起こしており、発熱や咳の症状がある患者も1000人以上いた。

政府は、49人の肺炎患者はもちろん、軽い症状の1000人に至るまで、すべての有症者に対してPCR検査を行った。その結果は、全員陰性。ホッとしたが、すぐには手を緩めなかった。引き続き、すべての患者に対する1カ月以上の追跡調査を行い、本当に陽性反応が出ない場合には、そこで調査を終了とした。

伝染病予防法のもと、台湾政府がビッグデータをうまく使い、健康保険情報と連携させながら完全な感染経路図を作ったのだ。これは、それ以前のどんな疫学調査でも行ったことのない、新しい手法だった。

一方、ダイヤモンド・プリンセス号には、さまざまな国籍の搭乗客がおり、そこには台湾人も含まれていた。搭乗客たちは船の中で14日間隔離された後、各国大使館の手配により、それぞれ帰国することとなった。台湾も迎えのチャーター便を出したが、機内感染予防のため、事前に政府が乗客たちと交渉し、同意を得た上で、以下のような措置を取った。

飛行機内では水以外は飲食せず、トイレはなるべく使用しないこと。希望者は大人用紙おむつを使用する。乗客は防護服を着て、マスクを付け、3時間の飛行の後に台湾に帰国したら、また収容施設に入り、更に14日間の隔離生活をする。

ダイヤモンド・プリンセス号の他にも、台湾政府に大きなプレッシャーをかけた船があった。その船の名は、スーパースター・アクエリアス号。2月8日に基隆港に寄港したその船の中には1738名の乗客がいて、その検疫をめぐり、台湾政府は大きな挑戦を強いられた。

もともと基隆港を拠点としていたスーパースター・アクエリアス号は、台湾人に愛されていた。乗客は主に台湾人で、その時は沖縄を訪れる予定だったが、日本側に入港拒否され、基隆に戻った。台湾政府は情報を集め、感染リスクの高い乗客は128人いると見積もった。うち41人の海外渡航歴は中国だった。そのうち29人は台湾籍ではなかったが、すでに風邪、咳などの症状が出ている乗客がいた。

2月8日、衛生福利部長（厚生労働大臣に相当）の陳時中《チエン・シージョン》は、化学兵士と医療従事者合わせて300人を率いて、全員防護服を着て船内に入った。台湾軍の化学兵士も一緒に船に乗り込み、消毒作業を行った。作業は慎重をきわめ、検査も必ず1人に対して2回実施した。最後のPCR検査の結果が出るまでに9時間かかったが、それが終わった時、陳時中は船内アナウンスで乗客全員に朗報を伝えた。

「我々は帰ることができる！　皆さん、お疲れさまでした」

実に、台湾の国内感染者数は3月以後、ずっとゼロ、いてもせいぜい数人のレベルだった。しかし、3月の中旬以後、ヨーロッパとアメリカで感染が広がったため、海外から帰国した留学生や海外で仕事をしていた台湾人が次々に感染した。わずか1カ月で感染者数が2月と比べ倍になったが、4月に入ると徐々に沈静化した。やっと落ち着いたと思ったとき、台湾の海軍軍艦「磐石」で3人のクラスター感染が発生した。

4月15日、海軍軍艦「磐石」の任務が終わり、すべての軍艦乗組員たちが下船した後、体調不良を訴えた乗組員が次々にクリニックを受診し、陽性反応が出た。状況が良くなかったため、台湾の国防部はいち早く18日に緊急リコールを発令。「磐石」の乗組員全員に対して、14日間の隔離を命じた。しかし、それまでの3日間、3人の感染者と接触した700名以上の兵士たちが台湾全国で休暇を過ごしていて、その訪問先は10の県と市の90カ所以上に及んでいた。

社会にも不安が溢れ、厳徳発国防部長と劉志彬海軍司令は、上司である蔡英文総統に進退伺いを行った。

軍艦内部のスペースは狭く、クラスターが発生しやすい場所だ。海軍軍艦「磐石」には377人の乗組員が乗船していたが、最終的な感染者数は36人で、感染率は9・55%だった。今回の新型コロナウイルス感染で、フランスの空母「シャルル・ドゴール」で同様のことが起きた時の感染率は52%、アメリカの「セオドア・ルーズベルト」の場合は24%だった。衛生福利相の陳時中は、台湾の軍隊は感染が広がる前からマスクを付け、誰か発熱があればすぐに隔離の措置を取っていた。そうした処置には感染スピードを抑える効果があった、と断言した。

今回の軍艦クラスター感染者は台湾各地に散らばっていたが、幸いなことに市中感染は発生しなかった。それは一体なぜだろうか？　医療業界の見方は、すでに台湾社会に、マスクを付けること、手を洗うこと、アルコール消毒をすること、の「3つの衛生習慣」がしっかりと育っていたので、自然に防疫の壁を築き上げることができた、というものだった。そのような防疫体制の中では、新型コロナウイルスもなかなか生き残ることが難しかっただろう。

その証拠に、新型コロナウイルスだけでなく、他の伝染病もその間に姿を消したのだ。例年の1月から5月までは、大人のインフルエンザ、子供のエンテロウイルスが発症するシーズンだったが、2020年のその間、それらの症状で受診した人の数は史上最低の記録を塗り替えた。

手を洗うことについては、1月に最初の感染者がわかった頃、政府や医療界、学校などが率先して手洗い動画を撮影し、テレビやネット上で公開した。学校教育の現場でも、「石鹸で20秒以上手を洗おう」と要点をまとめ、暗記しやすい言葉を作って、1日最低10回手を洗うことを推奨した。

消毒液としてはアルコールが最も効果的だったが、市販のアルコール液はすぐに売り切れた。2月頃、台湾の主な酒工場は率先して自社製品を作ることを止め、アルコール分75％の消毒液を製造し始め、薬局やコンビニなどに適正な価格で提供した。

マスクは、今回のコロナウイルスとの戦いで最も効果を発揮した「防疫兵器」だったかもしれない。WHOや欧米の専門家がマスクの防疫効果を疑っていた当初から、台湾政府はいち早くマスクを「防疫必需品」とし、国内での自給自足を目指した。

法律を作れ！　マスクの数量と価格を維持しよう

2003年のSARSが流行した時、台湾人はマスクを求めて争い、様々な混乱が起きた。その後、台湾政府はマスクを「戦時中の必需品」と同レベルに認定し、新型コロナウイルスの感染が爆発する前から、すでに4400万枚の在庫を常備していた。

台湾はすでに世界第三のマスク生産国だが、本来なら1日の生産量は188万枚である。たとえ残業して1日400万枚生産したとしても、一旦感染が爆発したら、台湾全国2300万人に十分いきわたる量を確保するまでには追い付かない。

中国は世界最大のマスク生産国だが、世界が本当のパンデミックに巻き込まれたら、どの国でも自国民を守るために海外輸出を制限するはずだから、台湾は買いたくても、よその国からは買えないだろう。

そういう予測と覚悟を持っていた台湾政府は、今回の新型コロナ流行に際し、何よりもまずマスクを確保しようと決意した。まず、伝染病予防法第54条により、台湾政府は1月24日からのマスク輸出を禁止し、さらに1月31日から国内のマスク工場を徴用した。「マスクが足りないかもしれない」。これは確かに蔡英文総統の心配でもあった。最前線の医療従事者たちには十分な量のマスクの供給が必要で、台湾の住民たちにも安全な生活を過ごしてほしい。「早くマスクを作ろう！」というミッションの責任者には、台湾経済部長の沈栄津が就いた。

沈栄津は1951年に生まれ、国家公務員の難関試験を突破して経済部（日本の経産省に相当）に入部し、最下部の役員から部長にまでなった叩き上げの苦労人だ。沈の実家は農家で、両親も文字を知らなかった。彼は技術高等学校を卒業後、一度は病院で技術者として働いたが、国家公務員になろうと志した。そのため、昼間は病院の実験室で研究を行い、夜は学校に通った。貯金をするため、彼は実験室の屋上に泊まり、毎日屋上に設置された給水塔のそばでシャワーを浴びた。

晴れて国家公務員になると、彼は1日15企業を毎日訪問した。仕事が早くて親切な公務員として長い間活躍し、産業界に良いイメージを残した。

今回のコロナウイルスとの戦いで、国民のために十分な量のマスクを確保することは、政府が最初に果たすべき責任だった。しかし、当初沈栄津がマスク工場に生産量を上げてほしいと要請したところ、会社側の態度は冷淡だった。あるマスク工場のオーナーはこう言った。

「2003年にSARSが流行した頃、マスク製造機を仕入れたが、半年後にはSARSが消え、マスクを欲しがる人もいなくなった。その結果、たくさんの在庫が残り、機械も放置されている。いまその機械を稼働しても、もう古くて部品も壊れているから使えないよ」

マスクメーカーのこの絶望感を、沈は当然理解していた。台湾の行政院としてどうすれば良いか考え、政府が新たなマスク製造機の購入資金を負担し、生産をメーカーに依頼する形をとることとなった。2月5日、行政院院長の蘇貞昌は、まず60台のマスク製造機（1台単価300万台湾ドルで総額1・8億台湾ドル。日本円にして約6・5億円）を導入し、2カ月でマスクの生産量を上げるという目標を掲げた。政府は慎重に検討した後、まだ敷地に余裕がある工場にその機械を譲渡した。さらに、新たなマスク工場ができたら、最初の120万枚分のマスクを政府に無償で提供する、そしてその後はすべて1枚2・5台湾ドルで政府が買い上げる、と約束した。

製造機60台分の生産ラインを整えるには、通常なら半年はかかる。それをいきなり2カ月に短縮することは、マスクメーカーの力だけではほぼ不可能だった。誰かに手伝ってもらうしかない。

生産ラインを作るプロである工作機械業者は、2月5日に政府の経済部が業界に要請して新たなマスク生産ラインを立ち上げようとしていることをニュースで知ると、すぐにLINEで経済部長に連絡し、自分たちも力を貸したいと名乗り出た。

工作機械業界の2019年の収益は1556億台湾ドル（約5600億円）もあり、業界としての規模は、マスクメーカーよりもかなり大きかった。

2月7日にはもう業界で新たなチームを結成し、2月10日頃には、台湾各地からやってきた生産ラインのプロたちが、まず2つの工場に赴任した。最終的には、29社の工作機械メーカーが全国から人材を集め、200人のエンジニアがマスク生産ラインを作る作業を手伝うことになった。それぞれが自社の制服を着ており、お互いライバル企業同士でもあったが、みんなが「マスクの国家代表」を名乗り、一斉に仕事を始めた。

しかし、最初の日に現場に到着したマスクメーカーのオーナーやエンジニアたちは驚いた。新しい生産ラインを立ち上げる場所には、まだ建物以外は何もなく、電気だけは引かれていたので電灯は点いていたものの配電設備がなく、エアコンプレッサーもなかった。さらに、マスク工場は機械の部品表を提供できず、SOP（標準業務手順書）もなかった。その日は緊急に必要なものを調達すると、翌日にはエアコンプレッサーが届き、電力もきていた。最初の仕事場にはデスクもなく、全員が床にうつ伏せになって仕事をし、オーナーたちも正座していた。

人はやはりどうしても足りなかったが、脳出血で一度退職したスタッフまで「職場に戻りたい」と手を挙げ、生産ラインの機械調整を担当した。中でも、他の会社に転職したマスクメーカーの元社員は電話をかけてきて、今いる会社の許可を得た上で、週末や祝日にマスク工場に戻りたいと申し出た。

あるエンジニアは、「今から精一杯やって、早く国民にマスクを届けるぞ！」と決意の言葉を口にした。

「もうこの業界に20～30年はいるが、こういう風景は見たことがなかった」

ある工作機械工場のオーナーはそう話した。

別の上場企業の工作機械メーカー代表は、マスク生産ラインを作る指導者になり、機械の組み立て、電気制御など最初の作業から最後まで、すべての作業を完璧に指導した。

彼らはどうしてこんなに積極的に作業をするのだろうか？

後で知ったが、生産ラインを作る指導者となった代表は、２００３年にＳＡＲＳに感染した疑いで陰圧病棟に9日間、隔離された経験を持っていた。その時の記憶は鮮明で、夜間の緊急事態に対応する医師や看護師が廊下を走る足音を聞き、なかなか寝付けなかった。

「こんなことを経験しないと、病気に感染する不安と恐怖はわからないだろう。もしマスクをすぐにたくさん作るお手伝いができるなら、私は貢献したい」

彼はそう話した。

最初のマスク生産ラインができた後は、組み立てのスピードも徐々に上がった。後になると、わずか1日で1つの生産ラインを組み立てられるようになった。「マスク国家代表」たちは大変な達成感を味わっていたが、現場を視察した沈栄津経済部長は、

「まだちょっとスピードが遅いな。1日に4つの生産ラインを作れないか？」

と言った。あるエンジニアは、「1日に4つも作ったら誰か死ぬよ」と思わずつぶやいたが、部長は平然と答えた。

「感染爆発が起きてマスクが足りなかったら、本当に人が死ぬぞ」

60台のマスク生産ラインでも足りない可能性があると考え、台湾政府は最終的に92台の製造機を注文した。29社から派遣されてきた20歳から68歳までのエンジニアたちは、自分の家を離れ、会社を離れ、40日間一緒に過ごし、そのすべての出勤回数はのべ３２４１回に及んだ。そしてついに、92台のマスク生産ラインが作り上げられたのだ。

５月中旬に入ると、政府はマスクの大事な原料であるメルトブローン不織布を調達して国内各社に提供し始め、台湾は１日２０００万枚のマスク生産を達成、２月と比べるとその量は10倍に達し、台湾は世界第二のマスク生産国となった。

工場から毎日出荷されるマスクは、台湾の軍隊から派遣された兵士が梱包作業を行い、郵便局のスタッフがトラックに運び、全国およそ６０００軒の薬局に届けられる。政府は各薬局に毎日８００～１２００台湾ドル（約２８８０～４３２０円）の補助金を出し、薬局のスタッフは毎日数時間をかけてマスクを分け、列に並ぶ客に売った。１枚5台湾ドル（約18円）のマスクは、ＩＣ健康保険証を使い、１人あたりの購入可能枚数を管理した。

台湾社会はマスクの新型コロナウイルス防御効果を信じ、室内で1・5メートルのソーシャルディスタンスを保持できなかったり、密接になったりするような空間では、すぐにマスクをするよう義務づけた。一方、学校の登下校や公共交通機関、タクシーの中では、常にマスク着用を義務づけた。

「マスク効果」に対する半信半疑の態度を示していた国々、たとえばニュージーランドやオーストリア、チェコなどでも、後にマスク着用を義務づけるようになると、感染の増加曲線はなだらかに落ち着いた。今では、ドイツのウイルス専門家も、新型コロナウイルスが「エアロゾル感染」する可能性を指摘し、改めて「マスク効果」を強調した。

省庁間の協力で、人々の心を安定させよう

防疫を優先するためには、もちろん専門家の意見を尊重する必要がある。今回の場合、防疫指揮センターは、蔡英文総統と蘇貞昌行政院長から横やりを入れられるどころか、全力の支援を得ることができた。蔡英文総統は新型コロナウイルスの感染拡大期間中、一切防疫指揮センターに姿を見せなかったが、ユーチューバーとして、自らマスク工場に行ってエンジニアに感謝の言葉を表した。さらに薬局も訪問し、一緒にマスクを包装するなど、共に戦う姿勢を見せた。

2020年4月、蔡英文総統のツイッターはフォロワーが100万人を突破し、彼女は英語で感謝の言葉を投稿した。そして、台湾は世界の医療従事者のお手伝いをしたいと表

明し、１６００万枚のマスクを各国に寄付することを決めた。
一方、立法院も歩みを止めることなく、防疫の関連法を修正し続けていた。感染拡大期間中、立法院は新たな法律を可決し、疫病のデマを拡散したら、最大で３００万台湾ドル（約１０８０万円）の罰金を科されることとした。行政院長は、買い占めなどの迷惑行為が発生した時、ＳＮＳでユーモアにあふれたメッセージを伝え、社会の不安を和らげた。たとえば、トイレットペーパーが足りなくなるというデマが流れて買占めが始まったとき、「お尻は1つだけです」というメッセージが出されたりした。

他の部会でも、それぞれができる範囲で精一杯、防疫情報を発信していた。テレビでは、ほぼ1時間に3、4回、手洗いやうがいなど各種の防疫を呼びかけるＣＭを流した。それぞれの部会がお互いに助け合い、連動した結果、防疫指揮センターの総指揮官として働いた衛生福利部長の陳時中は、十分な情報を把握することができた。最初の感染者が1月に出てから、彼は毎日記者会見を行い、週末も休まず、正しい情報を発信し続けて国民を安心させた。記者会見の回数は6月8日までに連続１６４回、その後1週間にほぼ1回で、8月26日までに累計１９９回に及んだ。緊急事態の際は、１日３回の記者会見を開くこともあった。

歯科医である陳時中は、２００３年のＳＡＲＳの恐怖を知り尽くしていた。当時、台湾の医療がどのように崩壊したか、その恐ろしさを痛感していた。医療従事者は、もはや国の防疫システムの一環であり、医療が崩壊さえしなければ、たとえどんなに感染がひどくても必ず国民の健康を守れると信じた。だから、新型コロナウイルスの感染爆発以来、彼は医療従事者を守ることを最優先し、前回の悲劇を決して繰り返さない、と決意した。

指揮センターはまず、

「料敵従寛、禦敵従厳（誰でも敵になる可能性がある。決して気を許さず、最も厳格な姿勢で戦おう）」

という、戦時中と同じスローガンを掲げた。その意図は、WHOが何を言っても、台湾は常に最も高い警戒レベルを保ちながら、最も厳密な措置を取り続けて感染防止に努める、ということだ。それはまさに、台湾と新型コロナウイルスとの戦争である、と考えて間違いなかった。

陳時中は今回の防疫戦に献身的な精神を捧げ、常に最前線でウイルスと戦い、日本の毎日新聞には「鉄人大臣」と紹介された。陳は2017年の就任以来、台湾がWHOの総会に出席できるよう、精一杯努力していた。2003年から2016年までは、毎年5月にジュネーブで開催されるWHOの総会（WHA）に、台湾には発言権はないものの、オブザーバーとしての参加を許されていた。

ところが、蔡英文総統の就任以来、オブザーバーとしても出席できなくなった。陳は2018年、「WHO宣伝団」を率いて、ジュネーブで各国の専門家と会い、たとえ会場の中に入れなくても、60カ国以上の国々と二国間会談を開催した。

2019年5月にも当然、陳の姿はジュネーブにあった。そして、またしても会場には入れなかったが、陳の努力により、今度は71カ国との二国間会談が実現した。

２０２０年のＷＨＯ総会は、新型コロナウイルスの影響により、ネット上でしか開催できなかった。陳は、世界各国の１７５紙以上の有力紙に寄稿し、台湾の新型コロナウイルス防疫経験を共有するためにも、「台湾をＷＨＯ総会に参加させよ！」と呼びかけた。残念ながら２０２０年もまた参加することができなかったが、今回のコロナ防疫戦争で得た教訓の豊富さや、陳の努力により、台湾の参加は一歩一歩実現に近づいているといえるだろう。

最も有効なワクチンは、透明性のあるコミュニケーション

実は、コロナの感染爆発が起こる以前は、台湾社会でも陳時中の存在はあまり知られていなかった。さほどの存在感がなかったのだが、２０２０年1月以後、陳の冷静さ、豊富な知識、親切な態度を、国民は毎日の記者会見で目の当たりにすることになった。たったの数カ月間で、陳時中は台湾の誰もが知る存在となった。彼のあだ名は「阿中部長（中ちゃん大臣）」だった。

アメリカのスタンフォード大学に在籍する医師・王智弘は、陳時中の成功について、「感染爆発した後、大臣自ら国民に直接報告したこと。その際、なるべく平易な表現で明確な情報を伝えたこと。そうした彼の言動が、台湾の防疫作戦を成功に導く重要な要素となった」と指摘した。

記者会見で陳はいつも、当日の感染者数から報告し、その感染者についての感染経路や重要ポイントを丁寧に説明し、それから会場にいる国内外の記者の質問に答えた。彼はいつも記者たちに充分な時間を与え、彼らが満足するまで会見を終えなかった。たとえ英語で質問されても、彼は通訳を介さず、すぐに英語で答えられる。記者との対話の中で、陳は国民の不安を和らげるために、時には優しく、時にはシャープに発言し、時にはもちろんユーモアあふれる言葉で、記者たちとの間に芸術的な受け答えを展開した。

たとえば、ある感染者は自分が感染したとは知らずに色々な場所を訪れ、後に大変な批判を受けたことがあった。陳は、「ウイルスは人々に感染するが、心も感染すると、対立や不信感が増え、お互いに非難し合う結果になる。我々が対抗するのはウイルスであって、人ではない」と話し、国民を安心させた。

あるいは、ある海外渡航者が自覚のないまま飛行機で台湾に戻り、空港の検査でウイルスが検出されて初めて自分が感染していたことを知るケースがあった。同じ飛行機に乗った乗客にも感染していたことがわかると、「最初の感染者はわがまま過ぎだよ！」と多くの批判が湧き起こった。その時も陳は、

「何か意図しないことが起こったら、その時には誠実さが一番大切だ。自分の体調を包み隠さず誠実に報告すれば、政府はすべての責任を取っていく」

と発言した。

毎日の記者会見には、陳以外に4人の専門家が同席し、常に専門知識を駆使しながら質

問に答えるので、この防疫チームを「メイデイ」、日本で言えばかつてのＳＭＡＰのような台湾の人気バンドになぞらえて「防疫のメイデイ」と呼び、絶大な信頼を寄せた。

　チームの全員が医学の専門家だが、中でも最も豊富な医療経験を持つのは、感染症の権威と呼ばれる張上淳《チャン・シャンチュン》だった。張は、２００３年のＳＡＲＳ流行時、国内で初めての感染者を治療した実績を持ち、医療の世界では相当な人望があった。また、教育賞を受賞した献身的な教育者でもあり、２０１９年まで台湾医学の最高峰と呼ばれる台湾大学医学部長を務め、２０２０年現在は台湾大学副学長に就任している。張はこのチームでは臨床治療の専門家として意見を述べ、主に指導する立場にあるが、新型コロナウイルスの症状を日々研究し、国内外からの情報を集めた上で、新たな治療法の開発に努めている。

　もう１人のメンバーは、台湾ＣＤＣ（疾管署）署長の周志浩《チョウ・チハオ》だ。彼も歯科医から公務員の道に進んだ努力家で、米カリフォルニア大学バークレー校の生物学及び医学研究所で大学院生資格を取得。医療担当の記者たちは、周に対して大変強い印象を抱いていた。副署長時代に、月曜日から日曜日まで毎日ＣＤＣに足を運び、前日までに観察・分析された伝染病データにしっかりと目を通す周の姿を、たくさんの記者が見ていたのだ。他の専門家が資料を整理しておいてくれた場合でも、もう一度自分の手で資料を整理し直し、ノートにたくさんのメモを残すのが常だった。今回の新型コロナ発生以来、感染状況が最も切迫した時、彼は常に自分のオフィスにいて朝の5時まで働き、そのまま6時の朝会に参加することもたびたびだった。

また、チームの中には「記憶の超人」と呼ばれる人がいた。彼は台湾CDC副署長の荘《チョン》人祥《ジェンシャン》だ。荘は医学部卒業後、そのまま医師の道を歩むのではなく、公衆衛生学に没頭し、アメリカのコロンビア大学で医学情報学の博士資格を取得した。今回のコロナウイルスとの戦いにおいて、荘には大事な任務があったが、それは毎日ビッグデータを監視し、変化を読むことだった。そして、記者会見で感染者数と感染経路の変化について報告する。荘は超人的な記憶力を発揮し、毎日の感染者数や変化を記憶しているので、記者に質問をされたときは、何も見ずに数字を引用して答えた。

そして、防疫医師たちの「ご意見番」として、前にも登場した「最初に警鐘を鳴らした男」羅一鈞もよく記者会見に顔を出した。学生時代は漫画『名探偵コナン』の大ファンだった羅は、コナンのように毎日必ず前日の感染者の感染経路を調べ、記者会見で報告している。

以上の5人に加えて、時々のテーマによって出席者を変更する場合があった。たとえば学校を再開した際は、教育部から専門家が出席し、入国の手続きが変更になれば、内政部の職員が出席する。国防部の軍官も現れることがあった。情報の透明性を保つ上では、どの部会の職員にも記者の質問に応じる可能性があった。

時には、記者会見場が衛生教育を宣伝する場所にもなった。たとえば、ある日の記者会見には、洗面器と石鹸が置かれ、防疫チームがテレビの前で正しい手洗い法を再確認してみせたこともあった。

防疫指揮センターの毎日の記者会見はテレビとネットで生中継され、いつも視聴率が良く、ネット配信は毎回1万人以上が視聴した。台湾の視聴者は、テレビドラマを追いかけるように、毎日記者会見を見ていた。

ある専門家は、なぜただの防疫報告会見がこんなに多くの視聴者を集められたのか、という点を、2つのポイントから分析した。

まず、防疫指揮センターはいつも台湾社会の動向を読んでいる。仮に感染状況や防疫方針が変化して、ネット上や台湾社会にそれに対する異論が出てくるような場合は、すぐに対策が取られる。台湾政府は毎日ネット検索のキーワードを分析し、国民の不安や恐怖、悩みなどを分析しており、毎日の記者会見でいち早く国民の不安に答えられるように準備している。

さらに、台湾CDCもデジタル大臣オードリー・タンを通じ、ITの専門家を集めたアプリを開発した。そのアプリはAIを使い、「マスクはどこで買える？」、「世界の今の感染状況は？」などという国民の質問に答え、CDCの記者会見で発表された数字や公式情報なども同時に入手できるようになっている。

国民の感染状況を知るため、政府は防疫緊急電話「1922番」を設置し、悩みを持っている国民すべての質問に答えた。感染状況がピークを迎えた頃、一時は320人のスタッフが中国語の質問に、70人がその他の外国語の質問に対応した。質問だけでなく、コロナによるストレスの相談にも応じる。こうした質問や相談を通じ、国民の関心が高いと判断したテーマがあれば、防疫チームは毎日の記者会見で率先して情報提供した。だから、記者会見で伝える情報は先回りして考えた結果で、単に「聞かれて答える」という恒例行事ではなかった。

もう1つの重要なポイントは、会見の出席者が自ら話す時間は短く、質問に対して答える時間の方が長いことだ。記者会見ではまず、陳時中が部長として冒頭の10分間、その日の大事なポイントを報告すると、その後の時間はすべて、記者の質問に充てた。

そのため、当初は会見時間が2時間を超えることもあった。多くの場合、質問に対する答えを事前に準備することはできなかったが、ほぼ毎回、記者たちは出席者の回答に満足した。防疫チームは専門家としての知識を持っており、コミュニケーション能力も高かった。

その結果、2020年5月の世論調査では、陳時中は防疫指揮センター総指揮官として、異例の94%の支持を得た。この驚くべき数字は、海外のマスコミでも報じられた。陳の名前「時中」は中国語の「時計」の発音と同じだったので、台湾社会では「防疫順時中（防疫対策は時中に従え！）」という言葉が流行った。順時計、つまり時計に従って行動する、という言葉に引っ掛けたわけだ。

過去の台湾の政治家は、いつも伝統的な二大政党、つまり青いイメージカラーの国民党と緑色の民進党のどちらかに所属し、双方に支持者がいた。2020年1月、蔡英文は緑の民進党候補者として、史上最高の817万票を獲得して総統に再選された。この時は全体の57％、つまり過半数の票を得て、民進党支持者の数から言っても、もうこれ以上の支持を得ることはないだろうと考えられていた。

しかし、陳時中は今回のコロナウイルスへの対応で、国民の9割以上からの支持を得た。陳は民進党の所属だが、彼の支持者は民進党の支持者だけではない。彼はもはや政党の壁を壊し、台湾の政治を立て直した。陳は専門家としての知識に加え、組織力とコミュニケーション力を持ち、政党を超えて認められた初めての政治家となったのだ。

元早稲田大学政治経済学部教授で、台湾研究所の学術顧問・若林正丈は、今回の台湾の防疫政策の最も大きな特徴として、これまでずっと伝統的な政治や政党に縛られていた台湾が、いつもの「青と緑」の政党の壁を破り、新たな「防疫共同体」を作り上げた点を高く評価した。

そして、その「防疫共同体」は、台湾人だけではなく、71万人の外国人労働者も一緒に守ってくれる。

２０２０年2月、違法滞在して働いていたインドネシア国籍の元介護職の女性が、新型コロナウイルスに感染した。当時、台湾社会には「早く違法滞在中の労働者を取り締まれ！」という声が上がった。しかし、陳時中はこう言った。

「防疫を優先しよう！　患者さんがお世話になっている介護職の皆さんにとって、今は一番大変な時期だろう？　重要なことは、国民に対する防疫教育だ。他のことはコロナが終息してからまた話せば良いのだ」

それだけではなく、台湾政府は自動的に他の外国人労働者の就労ビザも延長した。

スタンフォード大学に在籍する医師・王智弘は、台湾政府のこの対応を評価した。彼の意見では、

「もし台湾で働いている外国人労働者が感染し、当局が彼らを厳しく取り締まっていたら、彼らが自分の感染や感染経路を隠すために病院に行かなかったり、逃亡したりして、大変なことになっていただろう。感染拡大のきっかけになった可能性がある」

外国人労働者に対する対応について、王は台湾の取ったこの方法をアメリカ政府にアドバイスした。

台湾が防疫の成果を維持できている要因があるとすれば、それは政府がいつもすべての人々に対して、差別のない保護と教育を提供しているからだろう。

今回、コロナウイルスは世界中にパンデミックを起こしたが、ある人は、民主国家は国民をコントロールしにくい、独裁国家の方が感染状況をコントロールしやすい、という趣旨の指摘をした。この点に対し、CNNの記者、ジェームス・グリーフィンス（James Griffiths）は2020年4月の記事で反証し、「民主国家である台湾は、迅速で透明な防疫措置を取った。もはや疫学上、民主的なモデルに間違いはない」と指摘した。

ノーベル経済学賞受賞者であるインドのアマルティア・センも、一つの見解を示した。

「もしペストが民主国家と独裁国家に同時に発生したなら、言論と出版の自由を持つ民主国家の方がより適切に対応し、比較的、壊滅的な災害に陥らずにすむはずだ」

民主国家の主体は国民であり、そこには様々な政党があり、国民が選挙によって政治の未来を決める権利を持つ。だから、与党はいつも国民生活への管理能力を示す必要があり、国民の福祉と健康を気にしなければならない。

一方、独裁国家は政権の安定を重視するだけで、命令は得意だが、統治は下手だ。国民の福祉と政権の安定が目の前にある場合、独裁国家がどちらを重視するか？　その答えは明白であろう。

現在でも、陳時中はよくマスコミからこういう質問を受ける。

「どうして台湾はずっと感染防止の状態を守れるのか？」

陳時中はいつも淡々と答える。

「それは台湾の国民たちが政府を信じ、協力しながら、お互い助け合うからだ」

一方、台湾の元副総統・陳建仁は、２００３年のＳＡＲＳ流行時、拡大防止に努めて多くの命を救ったという功績から、２０１０年にエルサレム聖墳墓騎士団の勲章を授与された。カトリック教徒である彼は、17年前のＳＡＲＳの時代から今回の新型コロナウイルスに至るまでの間に、台湾人の心が徐々に変化してきたことを感じている。

最初にＳＡＲＳで大きな感染が発生したとき、台湾人は疑心暗鬼になり、疎外感と抵抗感からお互いを非難し合っていたが、その後国民の心情は変わり、多くの人々がお互いを思いやり、献身的に支え合い、感謝を忘れないようになった。

陳建仁は、２００３年に起きた出来事をはっきりと覚えている。当時、医療従事者の家族は病原菌を持っていると疑われ、社会のさまざまなコミュニティで苛めに遭った。大家さんはなかなか看護師に部屋を貸さず、その看護師の子どもが学校に行けば嫌な目に遭わされた。

その頃、タクシー運転手は自分の身を守るため、病院へ行きたいという患者は乗車拒否した。さらに、感染を恐れてずっと休みを取って家にいようとする医者もいた。

しかし、最前線で働く医療従事者の献身的な姿を見て、台湾国民の心は動いた。ついに病院で医療従事者が足りなくなり、すでに退職した医療従事者やボランティアを募集しなければならなくなった時、およそ2万人の国民が手を挙げたのだ。その時はSARSも終息の段階に入っており、実際にはボランティアを含め200人程度の人たちが助けに入ることになったが、それ以外のたくさんの台湾人が勇気と善意を示したのだ。

今回の新型コロナウイルス感染が起きた当初、マスクが不足し始めると、SNS上では、「私は大丈夫、お先にどうぞ」というメッセージが拡散し、医療従事者やお年寄りに優先してマスクを譲る行為がみられた。

その後、台湾の感染状況は落ち着いてきたが、ヨーロッパではイタリアが深刻な事態に陥っていた。イタリアから台湾へきて55年間布教活動を行い、地方に病院を建設するなどの献身をしてきたディドネ神父（Giuseppe Didone）は、祖国イタリアの悲惨な状況を台湾で知ることになった。たくさんの神父と修道女が、医療資源の不足から、手当ても受けずに亡くなったと聞き、たまらず泣きながら台湾社会に支援を求めた。

長い間ディドネ神父の献身に感謝し、いつか恩返しをしたいと思っていた地方の人々は、たったの6日間で1億2000万台湾ドル（約4・3億円）を集めた。集まった資金はイタリアで、医療資源の補充や教会への寄付など、さまざまな善行に使われた。

ディドネ神父は、ある末期ガンに侵された人が自ら病院にお金を寄付しに来たという話や、市場で八百屋を営むおばあちゃんが自分のマスクとお金を寄付する姿に接し、感謝の気持ちでいっぱいになった。

「55年間の台湾での生活を振り返ると、神様が私をここまで連れてきて下さったことに感謝するしかない」

どの時代であっても、どの国においても、人々がお互いへの信頼と助け合いの心を忘れないことこそが、感染拡大の中で、最後に落ち着きを取り戻せる最高の秘訣なのかもしれない。

（文中敬称略　肩書は当時）

アイリス・チュウ
コラムニスト。記者、編集者、翻訳、脚本などの仕事を経験し、台湾で「文化部電影優良脚本奨」や「キリスト教華文創作金奨」などを受賞。「経理人月刊」編集長、「数位時代」編集総監、時報出版副編集長などを歴任。

鄭仲嵐（てい　ちゅうらん）
1985年生。英ロンドン大学東洋アフリカ研究学院修了。台湾の輔仁大学在学中に日本に留学。ロックフェスと野球観戦が趣味。台湾のテレビ局で勤務後、現在はBBCやDW中国語、台湾の聯合報などのメディアで記事を執筆。また、ニッポンドットコム多言語部スタッフライター・編集者として台湾、香港などをカバーしている。

Au　オードリー・タン　天才IT相7つの顔

2020年 9 月30日　第1刷発行
2021年 1 月25日　第5刷発行

著　者　アイリス・チュウ／鄭仲嵐
発行者　島田 真
発行所　株式会社　文藝春秋

〒102-8008 東京都千代田区紀尾井町3-23
電話　03-3265-1211

印刷・製本　大日本印刷

ISBN978-4-16-391286-8
Printed in Japan